Johannes Dammerer
Berufszufriedenheit und lebenslanges Lernen von Lehrpersonen

Johannes Dammerer

Berufszufriedenheit und lebenslanges Lernen von Lehrpersonen

Die Zusammenhänge von Berufszufriedenheit, Dienstalter und Fort- und Weiterbildung

Mit Online-Materialien

Der Autor

Mag. Dr. Johannes Dammerer, BEd., ist wissenschaftlicher und lehrender Mitarbeiter an der Pädagogischen Hochschule Niederösterreich.

Das Werk einschließlich aller seiner Teile ist urheberrechtlich geschützt. Jede Verwertung ist ohne Zustimmung des Verlags unzulässig. Das gilt insbesondere für Vervielfältigungen, Übersetzungen, Mikroverfilmungen und die Einspeicherung und Verarbeitung in elektronische Systeme.

Dieses Buch ist erhältlich als:
ISBN 978-3-7799-6394-3 Print
ISBN 978-3-7799-5701-0 E-Book (PDF)

1. Auflage 2021

© 2021 Beltz Juventa
in der Verlagsgruppe Beltz · Weinheim Basel
Werderstraße 10, 69469 Weinheim
Alle Rechte vorbehalten

Herstellung: Ulrike Poppel
Satz: text plus form, Dresden
Druck und Bindung: Beltz Grafische Betriebe, Bad Langensalza
Printed in Germany

Weitere Informationen zu unseren Autor_innen und Titeln finden Sie unter: www.beltz.de

Vorwort

Es werden zwei relevante Forschungsfelder an den Ausgangspunkt der in diesem Buch dokumentierten Studie gestellt: Auf der einen Seite werden gesellschaftliche Veränderungen in Verbindung mit wirtschaftlichen, technologischen und demografischen Prozessen, die für das gesamte Bildungssystem neuartige und vielfältige Herausforderungen in historischen Dimensionen mit sich bringen, benannt. Fokussiert wird dabei durchgehend, klar und in sinnvoller Weise abgegrenzt, auf die Institution Volksschule in Niederösterreich, allerdings nicht als abgeschlossenes System, sondern unter Einbeziehung von Aus- und Weiterbildungseinrichtungen für Lehrerinnen und Lehrer. Auf der anderen Seite geht es um die unter den neu hervortretenden Bedingungen arbeitenden Lehrpersonen im Verlauf ihres Berufslebens. Die besondere Qualität der Untersuchung besteht darin, dass nicht auf eine bloß statische Bestandsaufnahme von Berufszufriedenheit und Fort- und Weiterbildungsverhalten abgezielt wird, sondern auf die Analyse der Dynamik dieser Variablen, und auf die Veränderung von Motiven und Effekten der Teilnahme an Fort- und Weiterbildung in verschiedenen Lebensphasen gemessen am Dienstalter.

Das Wechselspiel zwischen Reformen im Schulsystem und dem lebenslangen Lernen von Lehrpersonen ist vielfältig und nicht immer offensichtlich. So werden etwa sowohl die Nutzung als auch die Wirkungen von Fort- und Weiterbildungsprogrammen für Lehrkräfte von zahlreichen Faktoren beeinflusst, darunter insbesondere auch Berufszufriedenheit und Dienstalter.

Nach einleitenden Darstellungen der Problemlagen in diesen Untersuchungsfeldern (Bologna-Prozess, PISA, TALIS und andere internationale Benchmark Studien, teilweise neue Schulgliederung, neue Reifeprüfung etc.) einerseits, bzw. Wandel der ‚Profession Lehrer', der Rolle(n) von Lehrenden und der zunehmenden Bedeutung von lebenslangem Lernen für Lehrpersonen andererseits, konzentriert sich diese Studie auf die Untersuchung dieses zweiten Forschungsfeldes.

Die pädagogische, insbesondere für den Bereich der Fort- und Weiterbildung hohe Relevanz der Untersuchung steht, ebenso wie der aufgrund des theoretischen Ansatzes, der präzise geplanten und ausgeführten sozialwissenschaftlichen Methodik gegebene Neuheitswert außer Frage.

Es werden damit auch einige Empfehlungen verbunden, die in anschließenden oder aufbauenden Forschungsarbeiten, aber auch in der praktischen Schul- und Weiterbildungspolitik aufgegriffen werden sollten. Dazu zählen etwa institutionelle Maßnahmen am Arbeitsplatz Schule zur Förderung von Berufszufriedenheit. Dadurch könnte die positive Wirksamkeit von Fort- und Weiterbildung verstärkt werden. Neben schulorganisatorischen Inhalten sollte in der Fort- und Weiterbildung auch der Selbstverwirklichung von Lehrpersonen mehr Raum gegeben werden. Unter künftigen Themenfeldern für die Forschung sollten vor allem die Auswirkungen der veränderten Lehrerausbildungen, basierend auf dem Konzept Professionskontinuum bearbeitet werden.

Solchen Überlegungen kommt große Dringlichkeit zu. Diese Studie ist als produktive Lektüre für fachliche Akteurinnen und Akteure (vor allem) in folgenden Bereichen zu empfehlen:

- Expertinnen und Experten der Schulentwicklung, insbesondere (aber nicht nur) von Volksschulen
- Forschung, generell über den Lehrerberuf, Berufszufriedenheit, Lehr- und Lernerfolge, lebenslanges Lernen u. a. m.
- Reformen und Ausbau von Fort- und Weiterbildung für Lehrpersonen

Diesem Buch liegt eine Dissertation, verfasst an der Alpen-Adria-Universität Klagenfurt (Österreich), zugrunde.

Danksagung

Beginnen möchte ich bei der Alpen-Adria-Universität Klagenfurt, die mir durch ihre zahlreichen Servicestellen effiziente Auskünfte bot und es mir durch qualitätsvolle Lehrveranstaltungen und Hilfen ermöglichte, dieses Vorhaben zu verwirklichen.

Den Professorinnen und Professoren des Doktorandenkollegs Lifelong Learning sei für die zahlreichen Inputs und Diskussionen bei der Themenpräzisierung ebenso gedankt.

Der größte Dank geht an Univ.-Prof. Mag. Dr. Josef Hochgerner und Assoc. Prof. Mag. Dr. Stefan Zehetmeier für die Begleitung.

Bei meinen Kolleginnen und Kollegen an der Pädagogischen Hochschule Niederösterreich bedanke ich mich ganz herzlich. Namentlich möchte ich meine liebenswürdige Kollegin Prof. Mag. Ulrike Koglbauer nennen.

Ich danke im Besonderen Herrn Franz Engelhardt, Marianne Rübelmann und Jakob Zey von der Verlagsgruppe Beltz für die verlässliche und wertschätzende Zusammenarbeit bei der Herstellung und der Publikation dieses Werkes.

Meinen Eltern und Schwiegereltern sei für alles, das sie in so beeindruckender Form für meine Familie und mich leisten, gedankt.

Abschließend drücke ich dankend und ganz fest meine gute Frau Andrea dafür, was so wunderbar nicht in Worte zu fassen ist. Und an meine Kinder, lieber Sebastian, liebe Magdalena und lieber Gabriel, ich bin stolz auf euch!

Johannes Dammerer, 2020

Inhalt

Abbildungs- und Tabellenverzeichnis	12

1.	**Einleitung**	15
1.1	Problemlage	17
1.2	Fragestellung	20
1.3	Ausschlusskriterien für die Fragestellung	21
1.4	Verwertbarkeit der gewonnenen Ergebnisse und Zielsetzung	21
1.5	Relevanz „Lebenslanges Lernen"	22
1.6	Methodisches Vorgehen	22

2.	**Ausgangssituation der Volksschullehrpersonen in Niederösterreich im Kontext Fort- und Weiterbildung**	25
2.1	Volksschule in Niederösterreich	26
2.2	Situation der niederösterreichischen Volksschullehrpersonen	26
2.3	Arbeitsrechtliche Situation im Kontext Fort- und Weiterbildung	27
2.4	Europäische Situation	28

3.	**Begriffsklärung Zufriedenheit**	29
3.1	Untersuchungen zur Zufriedenheit im Kontext Schule und Lehrpersonen	31
3.2	Begriffsklärung Berufs- und Arbeitszufriedenheit	33
3.3	Messung der Berufszufriedenheit	35

4.	**Theoretische Vorannahmen**	38
4.1	Bedeutung und Wirkung von Berufszufriedenheit	38
4.2	Bedeutung und Wirkung einer zufriedenen Lehrperson	40
4.3	Bedürfnispyramide nach Maslow	42
4.4	Selbstbestimmungstheorie nach Deci und Ryan	44
4.5	Weitere Theorien, Modelle und Konzepte	46
4.6	Auslöser für Zufriedenheit und Unzufriedenheit von Lehrpersonen	49
4.7	Lernen macht zufrieden	49

5.	**Fort- und Weiterbildung**	51
5.1	Strukturelle Merkmale von Fort- und Weiterbildung	52
5.2	Wirkung von Lehrerfortbildung	53
5.3	Zwei ausgewählte Modelle zur Wirkung und zum Nutzen von Fort- und Weiterbildung	56

6.	**Lebenslanges Lernen und Entwicklungsmodelle von Lehrpersonen**	**60**
6.1	„Crises and continuities" – ein Entwicklungsmodell von Sikes	61
6.2	Dreyfus & Dreyfus Modell der 5 Stufen	62
6.3	Stufenmodell nach Fuller & Brown	62
6.4	Das Phasenmodell von Huberman	64
6.5	Resümee zu den Phasen- und Entwicklungsmodellen im Kontext Fort- und Weiterbildung	65
6.6	Modellwahl für das Forschungsvorhaben	66
6.7	Dienstalter und Berufszufriedenheit	66
7.	**Forschungslücke**	**68**
8.	**Methodisches Vorgehen**	**69**
8.1	Forschungsfragen	70
8.2	Fragebogen und Fragebogenskalen	71
8.3	Ansuchen bei der Bildungsdirektion Niederösterreich	75
8.4	Durchführung Pretest	75
8.5	Durchführung der Fragebogenerhebung	76
8.6	Datenanalyse mittels SPSS und statistische Verfahren	76
9.	**Datenauswertung**	**78**
9.1	Beschreibung der Stichprobe und der soziodemografischen Daten	78
	9.1.1 Geschlechterverteilung	79
	9.1.2 Alter nach Kategorien	80
	9.1.3 Repräsentativität der Untersuchung	80
9.2	Deskriptive Statistik zu den Fragestellungen im Fragebogen	82
9.3	Skala Berufszufriedenheit	85
9.4	Datenanalyse zu den Forschungsfragen	86
	9.4.1 Die zentrale Fragestellung	87
	9.4.2 Zusammenhang Dienstalter und Berufszufriedenheit	87
9.5	Fragestellungen zur Berufszufriedenheit	89
	9.5.1 Zusammenhang Berufszufriedenheit und Anzahl der Unterrichtseinheiten von besuchten Fort- und Weiterbildungen	89
	9.5.2 Zusammenhang Berufszufriedenheit und Neigung zu bestimmten Dauern und Organisationsformen von Fort- und Weiterbildungsveranstaltungen	91
	9.5.3 Zusammenhang Berufszufriedenheit und Inhalt von besuchten Fort- und Weiterbildungsveranstaltungen	92
	9.5.4 Zusammenhang Berufszufriedenheit und Art von besuchten Fort- und Weiterbildungsveranstaltungen	93

	9.5.5	Zusammenhang Berufszufriedenheit und Interesse an Fort- und Weiterbildungsveranstaltungen	94
	9.5.6	Zusammenhang Berufszufriedenheit und Wunsch nach alternativen Formen von Fort- und Weiterbildungsveranstaltungen	96
9.6		Fragestellungen zum Dienstalter	97
	9.6.1	Zusammenhang Dienstalter und Anzahl der besuchten Unterrichtseinheiten von Fort- und Weiterbildungen	97
	9.6.2	Zusammenhang Dienstalter und Neigung zu bestimmten Dauern und zeitlichen Organisationformen von Fort- und Weiterbildungsveranstaltungen	99
	9.6.3	Zusammenhang Dienstalter und Inhalt von besuchten Fort- und Weiterbildungsveranstaltungen	99
	9.6.4	Zusammenhang Dienstalter und Art von besuchten Fort- und Weiterbildungsveranstaltungen	100
	9.6.5	Zusammenhang Dienstalter und Interesse an Fort- und Weiterbildungsveranstaltungen	101
	9.6.6	Zusammenhang Dienstalter und Wunsch nach alternativen Formen von Fort- und Weiterbildungsveranstaltungen	102
9.7		Wunsch nach alternativen Formen von Fort- und Weiterbildung	103
9.8		Zusammenfassung der empirischen Auswertungen	104
9.9		Methodenkritik	108

10. Beantwortung der zentralen Forschungsfragen   110

11. Fazit   113

Literaturverzeichnis   117

Anhang – Hinweise zu den Online-Materialien   126

Abbildungs- und Tabellenverzeichnis

Abbildung 1:	Grafische Darstellung der Untersuchung	23
Abbildung 2:	TALIS 2018 Arbeitszufriedenheit	32
Abbildung 3:	Bedürfnispyramide nach Maslow	43
Abbildung 4:	Erweitertes Angebots- und Nutzungsmodell zur Erklärung der Wirksamkeit von Fort- und Professionalisierungsmaßnahmen für Lehrpersonen	58
Abbildung 5:	Vier Dimensionen des Nutzens von Weiterbildung	59
Abbildung 6:	Stufenmodell von Fuller & Brown	63
Abbildung 7:	Hubermans Phasenmodell	64
Abbildung 8:	Einleitungstext der Befragung	71
Abbildung 9:	Boxplot Berufszufriedenheit und Dienstalter	88
Abbildung 10:	Boxplot Berufszufriedenheit und besuchte Unterrichtseinheiten	91
Abbildung 11:	Boxplot Dienstalter und Unterrichtseinheiten	98
Abbildung 12:	Grafische Darstellung der Ergebnisse der Untersuchung	114
Abbildung 13:	Wirkungszusammenhänge Zufriedenheit	115

Tabelle 1:	Skala Berufszufriedenheit	36
Tabelle 2:	Entwicklungsmodell nach Sikes	61
Tabelle 3:	Schularten vor Bereinigung	78
Tabelle 4:	Schularten nach Bereinigung	79
Tabelle 5:	Verteilung nach Geschlecht	79
Tabelle 6:	Dienstalter in Gruppen	80
Tabelle 7:	Alter in Gruppen und Grundgesamtheit	81
Tabelle 8:	Dienstalter in Kategorien im Vergleich mit der Grundgesamtheit	81
Tabelle 9:	Chi-Quadrat-Test Alter	82
Tabelle 10:	Wahl der Organisation von Fort- und Weiterbildungsveranstaltungen	82
Tabelle 11:	Häufigkeit an Teilnahmen an Fort- und Weiterbildungen in Unterrichtseinheiten	83
Tabelle 12:	Inhalt der Fort- und Weiterbildungsveranstaltungen	84
Tabelle 13:	Art der Fort- und Weiterbildungsveranstaltungen	84
Tabelle 14:	Bereitschaft an Fort- und Weiterbildungsveranstaltungen teilzunehmen	85
Tabelle 15:	Berufszufriedenheit Fallübersicht	85

Tabelle 16:	Item-Skala Berufszufriedenheit	86
Tabelle 17:	Cronbachs Alpha Berufszufriedenheit	86
Tabelle 18:	Dienstalter in Kategorien	87
Tabelle 19:	Korrelation Berufszufriedenheit und Dienstalter	89
Tabelle 20:	Häufigkeitstabelle Besuch Unterrichtseinheiten in der Fort- und Weiterbildung	90
Tabelle 21:	Korrelation Berufszufriedenheit und besuchte Unterrichtseinheiten in der Fort- und Weiterbildung	91
Tabelle 22:	Korrelation Berufszufriedenheit und Organisation der Fort- und Weiterbildung	92
Tabelle 23:	Korrelation Berufszufriedenheit und Inhalt von Fort- und Weiterbildungen	93
Tabelle 24:	Korrelation Berufszufriedenheit und Art der Fort- und Weiterbildung	94
Tabelle 25:	Korrelation Berufszufriedenheit und Interesse an Fort- und Weiterbildung	95
Tabelle 26:	Korrelation Berufszufriedenheit und alternative Formen von Fort- und Weiterbildung	96
Tabelle 27:	Häufigkeit Dienstalter in Kategorien	97
Tabelle 28:	Korrelation Dienstalter und besuchte Unterrichtseinheiten in der Fort- und Weiterbildung	98
Tabelle 29:	Korrelation Dienstalter und Organisation der Fort- und Weiterbildung	99
Tabelle 30:	Korrelation Dienstalter und Inhalt von Fort- und Weiterbildungen	100
Tabelle 31:	Korrelation Dienstalter und Art der Fort- und Weiterbildung	101
Tabelle 32:	Korrelation Dienstalter und Interesse an Fort- und Weiterbildung	102
Tabelle 33:	Korrelation Dienstalter und alternative Formen von Fort- und Weiterbildung	103
Tabelle 34:	Häufigkeiten Alternative Formen der Fort- und Weiterbildung	104
Tabelle 35:	Übersicht Korrelation Berufszufriedenheit und Dienstalter	105
Tabelle 36:	Übersicht Korrelationen Berufszufriedenheit und Fort- und Weiterbildung	106
Tabelle 37:	Übersicht Korrelationen Dienstalter und Fort- und Weiterbildung	107

1. Einleitung

Allen Schülerinnen und Schülern steht eine bestmögliche Förderung in der Schule zu, eine bestmögliche Ausbildung und Vorbereitung auf ein Leben, von dem selbst kühnste Prognosen nicht sagen können, wie dieses einmal sein wird und welche Herausforderungen auf junge Menschen warten. Dazu sind qualifizierte Lehrerinnen und Lehrer erforderlich, die neben den notwendigen fachwissenschaftlichen und fachdidaktischen Fähigkeiten auch die besondere Kompetenz besitzen, Kinder und Jugendliche in ihrer Entwicklung zu selbstbestimmten und sozial verantwortlichen Persönlichkeiten zu unterstützen (Lipowsky, 2006; Hanushek & Rivkin, 2012). Alle Länder müssen sich mit steigenden Herausforderungen im Schulbereich auseinandersetzen. Eine zunehmende Heterogenität der Schülerpopulation durch Migration, ein generell beschleunigter gesellschaftlicher Wandel und die Herausforderungen durch technologische Innovationen stellen alle Bildungssysteme vor die Fragestellung, wie sie diesen Veränderungen am effektivsten begegnen können, um diese zu bewältigen (Fellner & Stürgkh, 2017).

In Bezug darauf stellt sich die Fort- und Weiterbildung von Lehrpersonen als Ressource dar, die gewiss noch qualitativ und quantitativ optimiert werden könnte. Grundlage und zentrale Ressource einer modernen Wissensgesellschaft sind das Lernen und die Auseinandersetzung mit Veränderungen. Folglich gelten als Schlüsselbereiche für die Weiterentwicklung von demokratischen Gesellschaften die Organisation und Durchführung von Lehr- und Lernprozessen.

Die für die kompetente Bewältigung aktueller und zukünftiger sozialer, kultureller, wirtschaftlicher und globaler Herausforderungen notwendigen Lernprozesse konzentrieren sich nicht nur auf den Erwerb von Wissen, sondern betreffen auch soziale, ethische (wertorientierte), motivationale und praktische Erfahrungs- und Entwicklungsmöglichkeiten. Dazu benötigen Heranwachsende die Begleitung und Unterstützung durch professionell arbeitende Lehrerinnen und Lehrer. Gezielte Planung, Organisation, Gestaltung und Evaluation von Lehr- bzw. Lernprozessen darf darum als deren Kernkompetenz betrachtet werden. Die Verantwortung von Lehrerinnen und Lehrern für Schülerinnen und Schüler, die die Gesellschaft an sie überträgt, stellt während der gesamten Berufsbiographie einer Lehrperson eine andauernde Herausforderung dar. Fachwissenschaftliche Kenntnisse müssen erweitert und auf den neuesten Stand gebracht werden, didaktische und erzieherische Fertigkeiten sowie die pädagogischen Zielperspektiven („Werte und Normen") müssen reflektiert und weiterentwickelt werden. Lehrerbildung darf sich aus diesem Grund nicht in einer bloßen „Ausbildung" erschöpfen. Nur durch ein inhaltlich, institutionell und personell abgestimmtes Zusammenwirken der drei Abschnitte Studium, Berufseinstieg und Fort- und Weiterbildung wird die Lehrerbildung dieser Verantwortung gerecht, sind kumulative, berufsbezogene, berufsbiographisch begleitende Lernprozesse möglich. Lebenslanges Lernen ist eine Grundvoraussetzung und zum Teil gesetzlich vorgeschrieben. Darüber hinaus beschwören pathetisch Absolventinnen und Absolventen von Universitäten diesen Auftrag mit dem Wort *„spondeo"* (ich verspreche). Sie geloben damit, der Wissenschaft und dem lebenslangen Lernen verbunden zu bleiben. An Pädagogischen Hochschulen gibt es ähnliche Gelöbnisse, wie zum Beispiel das der Pädagogischen Hochschule Niederösterreich, wo Absolventinnen und Absolventen unter anderem folgendes versprechen:

„Ich verspreche:
Mich im Auftrag lebenslangen Lernens weiterzubilden:
Im schöpferischen Denken und Gestalten,
im Erwerb fachspezifischen Wissens und in dessen verantworteter Anwendung,
in Kommunikation, kritischer Auseinandersetzung und Toleranz
sowie in globaler und personaler sozialer Kooperation."
(Auszug aus der Gelöbnisformel der Pädagogischen Hochschule Niederösterreich, 2019)

Wenngleich der Fokus des vorliegenden Forschungsvorhabens mittels eines bildungsbiografischen Ansatzes auf die Ebene der lernenden Subjekte ausgerichtet ist, so werden die Lern- und Bildungsprozesse der Subjekte nicht losgelöst von den gesellschaftspolitischen Rahmenbedingungen und Strukturen betrachtet.

Das lebenslange Lernen von Lehrpersonen begleiten große Herausforderungen, hervorgerufen durch große Ansprüche im täglichen Berufsvollzug. Hohe Belastungen und gesellschaftliche Veränderungen wirken auf Lehrpersonen. Ulrich Beck spricht bei den derzeitigen Veränderungen sogar von einer Metamorphose der Welt (2017), also nicht bloß von Veränderungen, sondern von einer Verwandlung. In der Institution Schule werden diese Veränderungen sehr deutlich sichtbar, da alle im Schulalltag handelnden Personen in einer vielfältigen und sich verändernden Welt leben, ganz viele in irgendeiner Form am schulischen Geschehen partizipieren und damit diese Veränderungen in die Schule kommen.

Die dritte Phase der Lehrerbildung, die ständige Fort- und Weiterbildung, begleitet Lehrerinnen und Lehrer während ihrer gesamten Berufslaufbahn. Fort- und Weiterbildung versucht Lehrpersonen bei aktuellen Anforderungen zu unterstützen und wird auch als Instrument der Personalentwicklung verstanden.

All diese Überlegungen resultieren in vorliegender Untersuchung, in der der Versuch unternommen wird, lebenslanges Lernen, Fort- und Weiterbildung und Berufszufriedenheit auf Zusammenhänge zu erkunden. Berufszufriedenheit wird im Verlauf der Arbeit noch ausführlicher besprochen, dennoch soll hier erwähnt werden, dass diese für Lehrpersonen einen wesentlichen Gradmesser für Freude an der Tätigkeit und Freude am Erbrachten darstellt und kann somit als wesentlicher subjektiver Faktor für gute Arbeit gesehen werden.

1.1 Problemlage

Als häufig bearbeitete Fragestellungen der empirischen Forschung zum Lehrerberuf können die Interessen, Orientierungen und Motive junger Menschen gelten, die sie dazu bewegen, sich zum Lehrerberuf ausbilden zu lassen (FIT-Choice Skalen). Ergänzend dazu kommen u. a. berufsrelevante Vorerfahrungen und Leistungsvoraussetzungen dieser Personen, die ebenso wie Merkmale ihrer sozialen Herkunft untersucht werden. In der empirischen Forschung zum Lehrerberuf ist Auseinandersetzung mit Berufswahlmotiven angehender Lehrerinnen und Lehrer besonders bedeutsam. Mit dem Beruf verbundene Erwartungen, Vorstellungen und Einstellungen können Hinweise dafür liefern, in welchem Ausmaß die Gefahr besteht, dass allzu einseitige Motivkonstellationen oder idealistische Erwartungen in der Berufsrealität enttäuscht werden. Häufig sind es gerade die unrealistischen, zu hoch gesteckten Erwartungen an diesen Beruf und die eigene Tätigkeit, die, werden sie enttäuscht, als Gründe für ungünstige Karriereverläufe ausgemacht wurden. Darüber hinaus lassen sich zahlreiche Studien zur Lehrergesundheit (Hillert, 2016; Schaarschmidt, 2007) und zu Weiterqualifizierungsmaßnahmen finden. Anschließend an diese Studien tut sich ein Forschungsfeld auf, das sich mit Aspekten der gesamten Berufsspanne von Lehrpersonen auseinandersetzt.

Es scheint gegenwärtig eine Zeit der Veränderungen im österreichischen Bildungsbereich zu sein: Der Bologna-Prozess, die PISA-Studien, die neue Reifeprüfung, die Umstellung der Hauptschule in die Mittelschule, Bildungsstandardsüberprüfungen, Tendenzen zur Individualisierung und inklusiven Unterricht, veränderte Ausbildungen von Pädagoginnen und Pädagogen, das Thema Gesamtschule und Ganztagesschule, um nur einige beispielhaft zu nennen. Viele davon berühren die gesamte Gesellschaft, doch eine Profession trifft dieser Wandel ganz maßgeblich, die Lehrerinnen und Lehrer. Unzählige Innovationen in den Schulen sorgen für Aufbruchsstimmung, für Resignation, für Verständnis, für Missverständnis, für Mut, für Unmut, für Zufriedenheit und Unzufriedenheit. Ziele scheinen bekannt, neue Wege werden beschritten. Neue Curricula machen keine neuen Haltungen, neue organisatorische Strukturen verändern keine Menschenbilder, keine individuellen Konzepte von Gesellschaft.

Im Fokus dieser Arbeit sollen die Volksschule, die Volksschullehrerinnen und Volksschullehrer stehen. Die Volksschule ist Gesamtschule und von zahlreichen strukturellen Veränderungen bisher nicht so stark berührt. Es scheint, als wäre sie lange Zeit vergessen worden.

Doch rund um diese Schulform hat sich die Welt verändert. Erfahrungsberichte von Lehrpersonen schildern immer wieder, dass vor Jahren zum Beispiel zu Schulantritt noch fast alle Kinder Deutsch sprechen konnten, keiner lesen und rechnen und die Klassen schienen homogen, so trifft man heute in einer ersten Volksschulklasse Kinder, die schon lesen und rechnen können und Kinder, die kein Wort Deutsch sprechen.

Man spricht von Kompetenzen und von neuen Lernformen, die den Lernenden in den Mittelpunkt stellen. Es wird sogar von einem Paradigmenwechsel gesprochen. Die Art und Weise, wie Lernen definiert wird, steht dabei genauso zur Diskussion wie die Rolle, die Lehrende und Lernende im Lernprozess einnehmen. Dennoch: Ein Paradigmenwechsel in der Schule wird von den handelnden Personen in der Schule vollzogen, das wären vorwiegend alle Lehrerinnen und Lehrer.

Der Erziehungswissenschaftler Wolfgang Klafki (2007, S. 49) bezeichnet Bildungsfragen immer auch als gesellschaftliche Fragen. Bildungskrisen hängen daher auch immer mit gesellschaftlichen Umbrüchen zusammen.

Nun sind gesellschaftliche Veränderungen nichts Neues, sie gehören zur Entwicklungsgeschichte der Menschheit. Was allerdings neu ist, das ist die Geschwindigkeit, mit der Veränderungen stattfinden.

Die Profession Lehrer treffen diese strukturellen Veränderungen, doch der Paradigmenwechsel spricht darüber hinaus eine Veränderung einer pädagogischen Perspektive an. Die Rolle der Lehrenden wandelt sich von einer vormals vermittelnden und disziplinierenden zu einer begleitenden, betreuenden und Rückmeldung gebenden. Im Zentrum dabei steht der/die Lernende, das, was diese können und wie sie ihre Lernziele erreichen (Lenz, Pflanzl & Vogel, 2014, S. 9).

Ist dieser Wandel eine Konsequenz zunehmender Heterogenität in der Gesellschaft, findet er schon länger statt, verändert er die Profession und das Mindset der Lehrenden in Schulen? „Es mag paradox klingen, aber der größte Teil von Innovationen ist weniger Ursache als das Ergebnis des sozialen Wandels" (Hochgerner, 2013, S. 7). Diese Themen stehen im Kontext der vorliegenden Arbeit, wobei der Fokus auf die in der Schule tätigen Menschen gerichtet sein soll.

Der Lehrerberuf beansprucht wie fast keine andere Berufsgruppe für sich, an diesen Veränderungen und Innovationen teil zu haben bzw. mit diesen zu arbeiten oder sich mit diesen zu arrangieren.

Bourdieu geht davon aus, dass Menschen unter den gleichen existenziellen Rahmenbedingungen homogene Habitusformen ausbilden und sich hiermit von Menschen aus anderen Lagen und Praxisformen unterscheiden. Bourdieu versteht unter dem Habitus eines Menschen bestimmte Klassifikationsschemata sozialer Wahrnehmung, die „jenseits von Bewusstsein und diskursivem Denken arbeiten". Der Habitus stellt ein Produkt sozialer Strukturen dar, zugleich aber auch das Erzeugungsprinzip sozialer Handlungspraxis (Bourdieu, 1994, S. 730).

An Pädagogischen Hochschulen und Universitäten beginnen Lehramtsstudierende ihr Studium mit bestimmten individuellen Vorstellungen. Diese sind geprägt durch Erlebnisse in der eigenen Schulzeit (Däschler-Seiler, Esslinger-Hinz, Fischer, Kust, Reinhard-Hauck, Röbe & Unseld, 2007, S. 15). Im Dienst stehende Lehrerinnen und Lehrer hatten diese, als sie ihren Dienst antraten auch, doch nicht alle nehmen veraltete Denkmuster wahr und ändern Denkweisen. Manche ignorieren die veränderten Anforderungen und manche sind ihnen sogar voraus. Darüber hinaus herrscht in der Gesellschaft häufig ein entweder verklärtes oder längst nicht mehr aktuelles Bild der Lehrerrolle vor (Weyand, Justus & Schratz, 2012).

Schule ist historisch gewachsen und oftmals das Resultat gesellschaftlicher Interventionen oder Umbrüche. Die Pflichtschule könnte somit als ein „historisch-gesellschaftlich eingerichteter Lernort für die heranwachsende Generation" bezeichnet werden (Wiater, 2009, S. 13).

So viele gravierende Veränderungen im Schulsystem sind selten und aktuell bietet sich die Möglichkeit, bedeutsame Faktoren für ein zufriedenes Berufsleben von Lehrpersonen zu erkunden. Als bedeutsame Faktoren werden im Kontext dieser Arbeit das Dienstalter, aufgespannt am Thema des lebenslangen Lernens, und das Lernen durch institutionalisierte Fort- und Weiterbildung untersucht.

Fellner (2017a) nennt fünf Zugänge, wenn es um eine steigende Qualität der Arbeit von Lehrpersonen geht:

„(1) Die generelle Attraktivität des Lehrerberufs und damit die Frage, wer sich um eine Ausbildung für diesen Beruf bemüht. (2) Die Auswahl geeigneter Kandidaten für das Lehramtsstudium und damit die Frage, wer zu einer Ausbildung zugelassen wird. (3) Die Grundausbildung der angehenden Lehrer, in denen die erforderlichen fachlichen, erziehungswissenschaftlichen und pädagogischen Kompetenzen vermittelt werden. (4) Der Berufseinstieg, der als Abschnitt zwischen Grundausbildung und der vollen beruflichen Tätigkeit gesehen wird. (5) Die Phase des berufsbegleitenden, im Idealfall lebenslangen Lernens und der Weiterbildung von Lehrern im aktiven Berufsleben."

In weiterer Folge konzentriert sich diese Untersuchung auf den fünften Punkt dieser Aufzählung, die Phase der berufsbegleitenden Fort- und Weiterbildung.

Es ist davon auszugehen, dass Berufszufriedenheit für Menschen große Bedeutung hat, da ganz besonders der Lehrerberuf in Österreich einer ist, in welchem Menschen lange tätig bleiben, also ein häufiger Berufswechsel eigentlich ausbleibt, wie in Kapitel 2 dargelegt wird.

Erwerbsarbeit nimmt neben der Freizeit einen großen zeitlichen Raum im Leben eines Menschen ein und dient ihm dabei nicht nur beim Erwerb von

Prestige und materiellen Gütern, sondern trägt auch maßgeblich zur persönlichen Entwicklung bei. Diese Lebenszeit von Lehrerinnen und Lehrern, die in der Erwerbsarbeit verbracht und welche durch Fort- und Weiterbildung begleitet wird, wird einer im Nationalen Bildungsbericht 2018 geäußerten Forderung von Florian Müller entsprechend, in den Fokus genommen. In diesem fordert er:

> „Die Forschung zur LFWB[1] sollte forciert werden. Dabei ist der Fokus vor allem auf das Zusammenwirken von personenbezogenen und institutionellen Voraussetzungen, Prozessen und Angeboten sowie Outcomes zu legen (Lipowsky, 2010). Das aus der Forschung gewonnene Wissen ist nicht nur für die inhaltliche und methodische Planung von LFWB essenziell, sondern auch im Sinne von Grundlagenforschung relevant. Zudem sollte auch die Wirksamkeit und Effizienz der politischen und administrativen Steuerung der LFWB stärker zum Gegenstand der Bildungsforschung gemacht werden. Ein in Österreich völlig unerforschtes Feld sind die Kompetenzen sowie die Praxen der Lehrerbildner/innen und deren Zusammenhang mit der Qualität von LFWB, insbesondere hinsichtlich intendierter und nichtintendierter Wirkungen. Neben den bereits publizierten Studien aus Österreich zur Lehrerfortbildung sind weitere Forschungen zu fördern, beispielsweise in einem Sonderforschungsbereich Lehrerbildungsforschung." (S. 131).

Dieser Aufforderung nachkommend soll durch die nun folgende Abhandlung ein Beitrag zu diesem Thema geleistet werden.

1.2 Fragestellung

Ausgehend von einem angenommenen Einfluss von Fort- und Weiterbildung auf die Berufszufriedenheit von Lehrpersonen in der niederösterreichischen Volksschule wurde die folgende Forschungsfrage formuliert.

Wie hängen die Berufszufriedenheit und das Dienstalter von Lehrpersonen der niederösterreichischen Volksschule mit der Teilnahme an Fort- und Weiterbildungsveranstaltungen zusammen?

Die forschungsleitende Annahme, dass es einen signifikanten Zusammenhang zwischen dem Fort- und Weiterbildungsverhalten von Lehrpersonen in der niederösterreichischen Volksschule und der Berufszufriedenheit gibt, soll in dieser Untersuchung überprüft werden.

---

1 Lehrerfort- und Weiterbildung

Ebenso soll erkundet werden, ob Zusammenhänge zwischen dem Dienstalter und dem Fort- und Weiterbildungsverhalten sowie dem Dienstalter und der Berufszufriedenheit bestehen. Diese drei Themen stehen im Zentrum der Untersuchung und sollen mittels unterschiedlicher Fragestellungen auf ihre Zusammenhänge überprüft werden. In Kapitel 8.1 werden alle Unterfragen zu dieser Fragestellung aufgelistet.

1.3 Ausschlusskriterien für die Fragestellung

Diese Fragestellung schließt explizit einige Themen aus, die in diesem Kontext auch interessant erscheinen, dennoch den Rahmen sprengen würden.

- Der hohe Anteil von Frauen im Lehrerberuf ist auffällig, insbesondere in der Primarstufe, dennoch bleibt eine Genderthematik unberücksichtigt in dieser Untersuchung.
- Auswirkungen der Freizeitgestaltung auf die Berufszufriedenheit können mit dem vorliegenden Forschungsdesign nicht überprüft werden.
- Schulstandortspezifische Besonderheiten und Einflüsse von Schulteams werden ebenso ausgeschlossen von dieser Untersuchung.
- Die Ansprüche von Schülerinnen und Schüler sowie persönliche familiäre Bedingungen bleiben ebenso unberücksichtigt.

1.4 Verwertbarkeit der gewonnenen Ergebnisse und Zielsetzung

Das vorrangige Ziel dieser Untersuchung besteht darin, Zusammenhänge zwischen Berufszufriedenheit, Dienstalter und Fort- und Weiterbildung von Lehrpersonen aufzudecken. Macht lebenslanges Lernen durch den Besuch von institutionalisierter Fort- und Weiterbildung berufszufriedener? Oder welche Formen und Inhalte von Fort- und Weiterbildungsveranstaltungen besuchen berufszufriedene Lehrpersonen vorwiegend?

Die forschungsleitende Fragestellung dient als Orientierung. Die Ergebnisse sollen sowohl für die Wissenschaft als auch für die pädagogische Praxis einen nutzbaren Erkenntnisgewinn über Zusammenhänge von Fort- und Weiterbildung und Berufszufriedenheit über die Lebensspanne darstellen. Kenntnisse darüber können in der Planung von Fort- und Weiterbildungsveranstaltungen berücksichtigt werden und deren Effizienz steigern. Fort- und Weiterbildungen könnten noch adressatengerechter erstellt werden. Beruflich zufriedene Lehrpersonen sollen durch lebenslanges Lernen befähigt werden, erfolgreicher auf die ihnen anvertrauten Schülerinnen und Schüler eingehen zu können.

1.5 Relevanz „Lebenslanges Lernen"

Berufszufriedenheit scheint bei Lehrpersonen eine unbestritten wichtige Voraussetzung zu sein wie in Kapitel 4 ausgeführt wird. Aus dem Unterricht von unzufriedenen Lehrerinnen und Lehrern resultieren unzufriedene Schülerinnen und Schüler. Sie prägen damit schlechte Lernbedingungen mit.

In Kommentaren zur PädagogInnenbildung NEU in Österreich wird auf ein Professionskontinuum hingewiesen (LehrerInnenbildung Neu, 2010). Es sollen Brüche zwischen Ausbildung und Beschäftigung minimiert werden bzw. in produktive Anlässe professioneller Entwicklung verwandelt werden. Ein lebenslanges Lernen in der Profession erscheint daher als unumgänglich.

Auf der Ebene von Schülerinnen und Schülern hängt lebenslanges Lernen mit schulischer Grundausbildung zusammen (Lenz, 2013, S. 146). Was John Hattie (2013) bestätigt, dass es auf die gute Lehrerin/den guten Lehrer ankommt. Was Schülerinnen und Schüler lernen, bestimmt die jeweilige Pädagogin/der jeweilige Pädagoge mit.

Kinder, die aktuell Volksschulen besuchen, gehen ungefähr 2075 in den Ruhestand. Die sozialen, technischen und wirtschaftlichen Entwicklungen der letzten Jahrzehnte stellen eine Projektionsfläche für die zukünftige Gesellschaft dar und liefern Einblicke, wie sehr – oder deutlicher ausgedrückt – wie wenig es selbst bei sorgfältiger Berücksichtigung aller Prognosen gelingen kann, treffende Aussagen über die Welt in 55 Jahren abzugeben. Dennoch muss ins Bewusstsein gerufen werden, dass genau dies die Welt sein wird, auf die mittels des heutigen Bildungssystems Kinder vorbereitet werden (Kühmayer, 2009).

1.6 Methodisches Vorgehen

Die hier dokumentierte Untersuchung folgt der Forschungslogik des Kritischen Rationalismus, eine nach Sir Karl Popper begründete Denkrichtung.

> „Der gebürtige Österreicher Sir Karl Popper (1902–1994) hat den Kritischen Rationalismus begründet und insbesondere das Theorem der Verifikation von Aussagen kritisiert. Sein Hauptwerk ist die ‚Logik der Forschung' (1935)." (Halbmayer, 2010).

Der Kritische Rationalismus behandelt Fragestellungen, wie gesellschaftliche oder wissenschaftliche, aber auch Probleme aus dem täglichen Leben, methodisch und rational erforscht werden können (Halbmayer, 2010).

Systematische Zusammenhänge zwischen Fort- und Weiterbildung, Berufszufriedenheit und Dienstalter von Lehrpersonen in der niederösterreichischen Volksschule zu erkunden, wird als Ziel formuliert.

Die Arbeit verfolgt drei große Ziele: Erstens soll überprüft werden ob es einen Zusammenhang zwischen Berufszufriedenheit und dem Dienstalter von Lehrpersonen gibt. Das zweite Ziel beschreibt den Zusammenhang zwischen Berufszufriedenheit und Fort- und Weiterbildung von Lehrpersonen. Drittens wird der Zusammenhang zwischen Dienstalter und Fort- und Weiterbildung analysiert. Mit den Untersuchungsergebnissen soll ein weiterer Beitrag zur Optimierung der Planung und Gestaltung von Fort- und Weiterbildung für Lehrpersonen geleistet werden.

Abbildung 1: Grafische Darstellung der Untersuchung

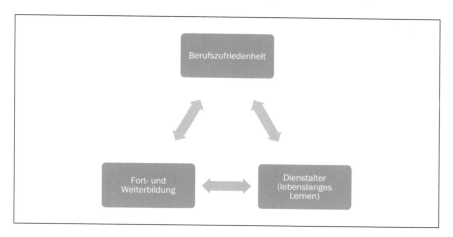

Die erzielten Ergebnisse stellen Erkenntnisse bereit und sollen eine Ableitung von Empfehlungen für die Fort- und Weiterbildung möglich machen. Für die Durchführung der Untersuchung ergibt sich somit folgende Vorgehensweise:

In Kapitel 2 wird die Ausgangssituation der niederösterreichischen Lehrpersonen der Volksschule im Kontext der Fort- und Weiterbildung beschrieben. Es wird das Forschungsfeld dargelegt.

In weiterer Folge widmet sich Kapitel 3 dem zentralen Begriff dieser Forschungsarbeit, der Berufszufriedenheit. Eine Begriffsklärung wird vorgenommen und die Skala zur Erhebung der Berufszufriedenheit als abhängige Variable wird angeführt.

Das Kapitel 4 befasst sich mit der Frage der Bedeutung der Wirkung von zufriedenen Lehrpersonen am Schulstandort. Es werden Theorien, Modelle und Konzepte dazu dargelegt.

Mit der institutionellen Fort- und Weiterbildung befasst sich Kapitel 5. Die Wirkung von Fort- und Weiterbildung, aber auch strukturelle Merkmale von Fort- und Weiterbildung werden besprochen.

In Kapitel 6 wird die zweite abhängige Variable, das Dienstalter, thematisiert. Dieses wird mittels verschiedener Entwicklungsmodelle für Lehrpersonen im Kontext des lebenslangen Lernens abgeglichen.

Nach diesen theoretischen Abschnitten erfolgt in Kapitel 7 eine Zusammenfassung der bisherigen Ergebnisse und es wird daraus resultierend, die Forschungslücke aufgezeigt, bevor in Kapitel 8 das empirische Vorgehen dokumentiert wird. Ebenso werden in diesem Abschnitt der Fragebogen vorgestellt und alle Fragestellungen aufgelistet.

Kapitel 9 referiert die Ergebnisse der Datenauswertung mittels Tabellen, Abbildungen und Erläuterungen dazu. Die weiteren abschließenden Kapitel beantworten die Forschungsfrage und fassen die Ergebnisse der Untersuchung zusammen.

2. Ausgangssituation der Volksschullehrpersonen in Niederösterreich im Kontext Fort- und Weiterbildung

Die Thematik dieser Untersuchung ist angesiedelt in einem Bereich, in welchem, wie schon angeführt, viel Veränderung stattfindet. Die PädagogInnenbildung Neu (QSR, 2014) in Österreich ist eine davon, die als Konsequenz dieser Veränderungen zu sehen ist und die alle drei Phasen eines Lehrerlebens, die Ausbildung, den Berufseinstieg und eine stetige Fort- und Weiterbildung umfasst. Zur PädagogInnenbildung Neu in Österreich bestehen auch Kritikpunkte und darunter einer, der sich mit der Durchlässigkeit in andere Berufsbereiche und andere Berufsfelder auseinandersetzt. Dieser Kritikpunkt wird im Kontext dieser Arbeit explizit angeführt, weil eventuell behauptet werden könnte, dass unzufriedene Lehrpersonen doch auch den Beruf wechseln könnten, was aber in der Realität, wie im folgenden Absatz angeführt wird, eigentlich nicht stattfindet. Erhard Busek (2010) schreibt in seiner Stellungnahme zur PädagogInnenbildung Neu und nachzulesen auf der Homepage des Bildungsministeriums für Österreich und auch auf der Homepage des QSR[2]:

„Die Durchlässigkeit dieses Berufsbereiches in andere Berufsfelder fehlt völlig. Da davon auszugehen ist, dass im Rest der Berufswelt die Mobilität zunehmen wird, die Zyklen der einschlägigen Tätigkeit kürzer werden und eine Veränderung des Berufs immer eine anregende Funktion hat, müsste auch darauf eingegangen werden."

Die durchschnittliche Verweildauer für Erwerbstätige und unselbständig Erwerbstätige in einem Beruf in Österreich lag im Jahr 2014 bei 10,2 Jahren (Statistik Austria, 2014, Mikrozensus Arbeitskrafterhebung). Die FAS-Research (Sozialwissenschaftliche Forschungsgesellschaft mbH) und das Berufsförderungsinstitut (BFI) publizierten im Jänner 2015 eine Untersuchung, in welcher dargestellt wurde, dass in Österreich Erwerbstätige über ihre Berufslebensspanne durchschnittlich drei Mal das Berufsfeld verändern.

Von jungen Menschen, die ins Berufsleben einsteigen, wird vor allem Flexibilität erwartet. Die Zeiten, in denen man eine Ausbildung abschloss, einen Arbeitsplatz fand und bis zur Pensionierung an ebendiesem seine Arbeit verrichtete, scheint vorüber zu sein. Für die Berufsgruppe der Lehrerinnen und

---

2 Qualitätssicherungsrat für Pädagoginnen und Pädagogen (www.qsr.or.at)

Lehrer in Österreich trifft das aber zum überwiegenden Teil nach wie vor zu. Wer in Österreich eine Lehramtsausbildung abschließt, dessen Möglichkeiten für einen Jobwechsel sind begrenzt, jedenfalls für jene ohne zusätzliche Ausbildungen.

Das könnte zu einem bestimmten Karrierezeitpunkt, wie in Kapitel 6 angeführt wird, zu einem Problem werden. Und zwar dann, wenn man mit dem Beruf nicht mehr zufrieden ist. Die Alternativen, vor denen sich dann Lehrkräfte sehen, sind begrenzt. Auf die Frühpension hoffen? Auf eine Versetzung an eine administrative Stelle? Oder durchhalten und weitermachen bis zur Pensionierung? Die negativen Auswirkungen auf die Lehrkraft selbst, aber auch auf die ihnen anvertrauten Schülerinnen und Schüler sind meist kaum zu übersehen. Es drohen Burnout, Frustration und lieblos gestalteter Unterricht.

Der Beruf der Lehrerin und des Lehrers ist in diesem Zusammenhang als besonders anzusehen, da Dienstverhältnisse meist nicht aufgelöst werden, sondern die gesamte Erwerbsdauer umfassen. „Einmal Lehrer, immer Lehrer?" so titelt Walter Herzog ein 2007 erschienenes Buch (Herzog, Herzog, Brunner & Müller, 2007) oder Erwin Rauscher „LehrerIn werden/sein/bleiben" (2008).

2.1 Volksschule in Niederösterreich

In Niederösterreich gab es im Schuljahr 2017/18 635 Volksschulen mit 65 062 Schülerinnen und Schülern in 3 484 Klassen (Statistik Austria). Gesehen auf ganz Österreich hat nur das Bundesland Wien etwas mehr Schülerinnen und Schüler in dieser Schulart, allerdings in weniger Volksschulen. Durch die Größe und unterschiedlich dichte Besiedelung der Bundesländer ergeben sich dadurch auch unterschiedliche Schulgrößen.

2.2 Situation der niederösterreichischen Volksschullehrpersonen

In Niederösterreich gibt es im Schuljahr 2018/19 23 406 Lehrpersonen (Statistik Austria) davon sind 6 205 Lehrpersonen in Niederösterreich in der Volksschule tätig, davon 4,7 % Männer. Kündigungen durch einen Dienstnehmer gab es im Schuljahr 2014/15 genau eine, und laut Auskunft kommen solche eigentlich nicht vor (Landesschulrat für NÖ, 27.04.2015). Aus diesen Daten könnte geschlossen werden, dass hohe Zufriedenheit unter den Lehrpersonen mit diesem Beruf in Niederösterreich vorliegt.

Dem stehen aktuelle Zahlen zu Pensionierungen gegenüber. In Niederösterreich sind in den Jahren von 2008 bis 2013 nur 1,6 % der Landeslehrpersonen mit dem gesetzlichen Pensionsantrittsalter in den Ruhestand gewechselt. 74,5 %

nahmen die Hacklerregelung in Anspruch und 20,5 % schieden vorzeitig aufgrund von Dienstunfähigkeit aus (Rechnungshof: Ämter der Landesregierungen: 2014). Ein Fünftel der Lehrpersonen war den Belastungen und Ansprüchen des Berufsfeldes nicht mehr gewachsen. Dieses Bild zeigt sich auch bei einer gesamtösterreichischen Betrachtung.

Die berufliche Situation der Lehrpersonen in Niederösterreich liegt also anders, als die Situation von Erwerbstätigen in anderen Berufslagen. Es findet mehr oder weniger kein Berufswechsel, aber häufig vorzeitiger Berufsaustritt statt.

2.3 Arbeitsrechtliche Situation im Kontext Fort- und Weiterbildung

Im Dienstrecht, Schulorganisations- und Unterrichtsorganisationsgesetz sind dienstrechtliche Belange für Lehrpersonen in Österreich geregelt. Im Bundesgesetzblatt für die Republik Österreich, Nummer 211 aus dem Jahr 2013 sind dienstrechtliche Vorgaben für Lehrpersonen formuliert. Darin ist neben der Lehrverpflichtung auch die Anzahl der zu erfüllenden Fort- und Weiterbildungseinheiten festgelegt.

§ 40 Absatz 12 zur Fort- und Weiterbildungsverpflichtung lautet wie folgt:

„Die Vertragslehrperson ist zum Einsatz und zur berufsbegleitenden Weiterentwicklung ihrer professionsorientierten Kompetenzen verpflichtet und hat auf Anordnung Fortbildungsveranstaltungen bis zum Ausmaß von 15 Stunden pro Schuljahr in der unterrichtsfreien Zeit zu besuchen. Fortbildung darf nur bei Vorliegen eines wichtigen dienstlichen Interesses mit Unterrichtsentfall verbunden sein."

Vor dieser Dienstrechtsnovelle bestand nur für Lehrpersonen aus dem Pflichtschulbereich eine Fort- und Weiterbildungsverpflichtung.

Eine stetige Fort- und Weiterbildung liegt seit In-Kraft-Treten dieser Dienstrechtsnovelle nicht nur im individuellen Interesse von Lehrpersonen, sondern ist auch durch den Dienstgeber vorgesehen und somit eine Dienstpflicht. Auch aus der Forderung, dass Lehrpersonen „den Lehrstoff des Unterrichtsgegenstandes dem Stand der Wissenschaft entsprechend zu vermitteln" (SchUG § 17 Abs. 1) haben, ist für Lehrpersonen die Verpflichtung zum Erhalt und zur Weiterentwicklung ihrer berufsspezifischen Kompetenzen abzuleiten.

2.4 Europäische Situation

In den meisten europäischen Ländern ist die Fort- und Weiterbildungsverpflichtung von Lehrpersonen gesetzlich geregelt (European Commission, Education, Audiovisual and Culture Executive Agency [EACEA] & Eurydice, 2015, S. 70 f.).

Seit dem Beginn der Pisa-Studien um das Jahr 2000 wird das Thema Fort- und Weiterbildung immer mehr in das Zentrum von öffentlichen Debatten gerückt. Seit damals haben zahlreiche europäische Länder damit begonnen den Fokus nicht nur auf die Erstausbildung von Lehrpersonen, sondern auch auf deren Fort- und Weiterbildung zu legen (Europäische Kommission/EACEA/Eurydice, 2015a). Die unter dem Titel TALIS[3] zusammengefassten Ergebnisse von Untersuchungen konzentrieren sich allerdings vorwiegend auf den Sekundarstufenbereich, wofür sie den Bedarf an Fort- und Weiterbildung beschreiben.

Im Wesentlichen lassen sich in den meisten europäischen Ländern drei unterschiedliche zuständige Akteure für die Lehrerfort- und Weiterbildung ausmachen:

- Oberste Bildungsbehörden
- Lokale Bildungsbehörden oder Schulen
- Lehrpersonen

Die Verantwortung wird unter diesen dreien weitgehend aufgeteilt (Fellner, 2017).

Lehrpersonen steht demzufolge im Rahmen der nationalen dienstrechtlichen Vorgaben ein Spielraum zur Verfügung, wie sie ihre jeweilige Fort- und Weiterbildung gestalten.

---

3 Die OECD-Lehrerstudie TALIS (Teaching And Learning International Survey) untersucht seit 2002 weltweit die Arbeitswelt von Lehrpersonen, um den Lehrerberuf attraktiver und die Tätigkeit der Pädagogen effektiver zu gestalten. Im Auftrag der teilnehmenden Staaten beaufsichtigt die OECD-Direktion Bildung die Durchführung der TALIS Studie. www.de.wikipedia.org/wiki/Talis

3. Begriffsklärung Zufriedenheit

Im Leben eines Menschen beansprucht Erwerbsarbeit neben der Freizeit einen besonderen zeitlichen Raum. Diese Erwerbsarbeit dient neben dem Erwerb von materiellen Gütern und Prestige auch der Entfaltung von sozialen Kontakten. Ganz besonders dient diese aber auch der persönlichen Entwicklung (Peters, 2019, S. 44).

Die Berufszufriedenheit spielt eine wichtige Rolle für das Wohlbefinden, die Motivation und die Bindung der Mitarbeiter/innen am Arbeitsplatz (Tett & Meyer, 1993). Judge und andere (2012) geben einen aktuellen Überblick über die Forschung zu den Einstellungen am Arbeitsplatz und kommen zum Schluss, dass die Berufszufriedenheit eine Bewertung eines Arbeitsplatzes ist, dass sie mehrdimensional und typischerweise entlang eines positiven bis negativen Kontinuums angeordnet ist (Judge, Hulin, & Dalal, 2012). Es stellt sich die Frage, ob man die allgemeine Berufszufriedenheit betrachten oder auf spezifische und auf relevante Aspekte der Arbeit konzentrieren soll? Diese Frage wird immer wieder diskutiert. In der hier dokumentierten Untersuchung soll ein relevanter Aspekt bearbeitet werden.

Eine sozialwissenschaftliche Auseinandersetzung mit der Erwerbstätigkeit von Lehrpersonen, in diesem Fall mit der Zufriedenheit in dieser Tätigkeit lässt sich auch mit folgender Aussage von Gamsjäger, Peez und Ipfling begründen:

„Alle Maßnahmen zur Förderung der Zufriedenheit (von Lehrern) müssen eingeleitet werden, denn Humanisierung des Lehrerberufs bedeutet Humanisierung der Schule und damit Humanisierung der Gesamtgesellschaft." (Ipfling, Gamsjäger & Peez, 1995).

Demnach wirkt Berufszufriedenheit nicht nur auf Lehrpersonen und deren Schülerinnen und Schüler, sondern darüber hinaus auch auf die gesamte Gesellschaft.

Wirft man einen Blick auf die Zahlen in Kapitel 2, so bleiben nahezu alle Lehrpersonen in NÖ ihrem Beruf treu, jedoch könnte der Zustand der Zufriedenheit zu einer bloßen Duldung eines Zustandes pervertieren. Bis weit in das 20. Jahrhundert hinein beruhte das Berufsethos der Lehrerinnen und Lehrer auf Tugenden, die ihren Ursprung in der bürgerlichen Bildungsbegeisterung Ende des 18. und Anfang des 19. Jahrhunderts hatten und den Lehrerinnen und Lehrer vorschrieben, wie sie zu sein hatten. Einen stark normativen Charakter hatten diese Tugenden. Bis heute lassen sich Nachwirkungen dieser historischen Vorstellungen spüren und bringen Lehrerinnen und Lehrer in ein selbst gewähltes Spannungsfeld zwischen Anspruch und Wirklichkeit.

Missverständnisse zwischen Pädagoginnen und Pädagogen und der Gesellschaft ergeben sich durch eine scheinbare und subjektiv empfundene gesellschaftliche Gleichgültigkeit, welche als Nichtbeachtung empfunden werden könnte. Als „unmöglichen Beruf" hat J. Gidion (1981, S. 530–542) daher den Beruf der Lehrerin und des Lehrers bezeichnet.

Eine Vielzahl von Studien (siehe Kapitel 3.1) weist darauf hin, dass die zentralen Gründe für Zufriedenheit und Belastung einer Lehrperson in persönlichen und schulischen Situationen zu finden sind. Ein Blick in das Handlungsfeld von Lehrpersonen ist daher für dieses Vorhaben notwendig, da das Praktizieren das Selbst weiterbildet (Schratz et al, 2012, S. 44–45). Praxis ist situiert, entsteht durch Interaktionen und wird von der jeweiligen Situation konstruiert. Die Situation ermöglicht bzw. schränkt ein, je nachdem, welche Akteurinnen und Akteure und welche Werkzeuge, Routinen und Strukturen vorhanden sind (Spillane, 2013).

In der Literatur wird Arbeits- und Berufszufriedenheit häufig synonym verwendet. Trotz einer großen Anzahl von Publikationen zu diesem Thema gibt es bislang keine eindeutige Definition von Berufszufriedenheit bzw. Arbeitszufriedenheit, dennoch lässt sich in der Literatur eine Unterscheidung feststellen. Arbeitszufriedenheit bezeichnet Zufriedenheit in einem nicht nach Berufsbranche spezifiziertem Arbeitsverhältnis, wogegen der Begriff Berufszufriedenheit die Zufriedenheit mit der eigenen Erwerbstätigkeit beschreibt (Bieri, 2002, S. 24).

Es stellt sich auch die Frage nach dem Wozu der Zufriedenheit. Auf den ersten Blick mag Zufriedenheit als generell erwünschter Zustand erscheinen. Gerade bei Lehrpersonen scheint Berufszufriedenheit eine unbestritten wichtige Grundlage zu sein, da diese mit den Leistungen ihrer Schülerinnen und Schüler in einem Zusammenhang steht (Grams, 2014, S. 14, 2017, S. 40).

Warum nun Lehrpersonen zufrieden sein sollten, begründet Grams (2014, S. 14, 2017, S. 40) damit, dass sich Zufriedenheit unter Lehrpersonen auf Lernprozesse von Schülerinnen und Schülern positiv auswirkt und daher die Zufriedenheit von Lehrpersonen enorm wichtig ist. Menschen nehmen ihr Arbeitsumfeld unterschiedlich wahr, haben aber das Potential, sich ihre Wirklichkeit so anzupassen, dass sie sich darin zufrieden fühlen (Grams, 2017, S. 25).

Grams (2017, S. 37) erläutert, dass Menschen danach streben, sich weiterzuentwickeln und ihre Arbeitsaufgabe so gut wie möglich zu erfüllen.

Zufriedenheit verortet Grams (2017, S. 34), dem Zwei-Faktoren-Modell der Arbeitsmotivation nach Herzberg (1959) folgend, zwischen Belastung und Wohlbefinden.

Für die vorliegende Arbeit soll eine sehr offene Definition von Dietrich (1996, S. 467) zugrunde gelegt werden. Er führt aus, dass Zufriedenheit als Akzeptanz und Annahme bezeichnet werden kann, welche sich jeder Mensch im Kontext des gesamten eigenen Lebens, eines partiellen Bereiches oder eines bestimmten Ereignisses selber zuschreibt.

Diesen Annahmen folgend, geht diese durchgeführte Untersuchung der Frage nach, ob und wie formelle Fort- und Weiterbildung, die Berufszufriedenheit und das Dienstalter von Lehrpersonen zusammenhängen.

3.1 Untersuchungen zur Zufriedenheit im Kontext Schule und Lehrpersonen

Eine Untersuchung von Friedrich Merz (1979) wird von Ammann (2004, S. 60) als eine der ersten und umfassendsten Studien zur Berufszufriedenheit von Lehrpersonen angeführt. In jener wurden mehr als 1 200 Lehrpersonen unterschiedlicher Schularten befragt, mit dem Ergebnis, dass die pädagogische Tätigkeit, also die Arbeit mit Lernenden den größten Beitrag zur Zufriedenheit leistet, organisatorische und bürokratische Tätigkeiten fördern Unzufriedenheit. Ebenso kommt Merz (1979, S. 212) zu dem Schluss, dass unzufriedene Lehrpersonen eher als extrinsisch motiviert zu beschreiben sind und zufriedene Lehrpersonen eher intrinsisch motiviert sind.

Mit der Wertorientierung und deren Zusammenhang mit Zufriedenheit setzte sich Rudow (1994) auseinander. Er untersuchte die Abhängigkeit der Berufszufriedenheit von Persönlichkeitsmerkmalen und Tätigkeitsmerkmalen und kam zum Schluss, dass eine berufliche Wertehaltung eine Wirkung auf Zufriedenheitswerte zeigt (S. 155).

1995 stellten Ipfling, Gamsjäger und Peez die Frage, wie zufrieden Lehrpersonen sind und untersuchten mehr als 5 000 Lehrerinnen und Lehrer aus Deutschland, Österreich und der Schweiz. Sie kamen zum Schluss, dass pädagogische Komponenten, die Arbeit mit Kindern, einen bedeutsamen Einfluss auf die Berufszufriedenheit haben.

Auch Bieri und Grunder publizierten 1995 einen Forschungsbericht zum Thema Berufszufriedenheit und Kündigungen von Lehrpersonen. Auch in diesem konnte festgestellt werden, dass die größte Zufriedenheit im pädagogischen Handeln liegt.

Thomas Ammann hat sich qualitativ an dieses Thema genähert. Er hat Interviews mit Lehrpersonen geführt, die schon länger im Dienst stehen und fasst zusammen, dass es sich bei Berufszufriedenheit nicht um eine spontane gegenwärtige Empfindung handelt, sondern um ein Resümee mehrjähriger Berufserfahrung (2004, S. 195).

Es folgen noch einige weitere Untersuchungen zur Berufszufriedenheit von Lehrpersonen, die hier nicht alle Erwähnung finden.

Die Zufriedenheitsforschung im pädagogischen Kontext, die sich vorwiegend auf den schulischen Bereich fokussiert, kommt immer wieder zum Schluss, dass Lehrpersonen eine hohe Zufriedenheit zeigen. In der TALIS-Studie wird folgende Abbildung zur Arbeitszufriedenheit der Lehrpersonen publiziert:

Abbildung 2: TALIS 2018 Arbeitszufriedenheit

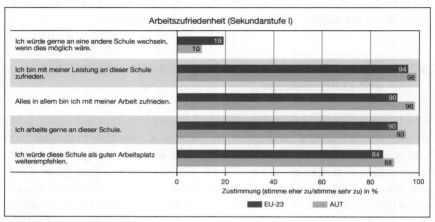

Quelle: TALIS, 2018, S. 35

Die Arbeitszufriedenheit von Lehrpersonen in Österreich liegt demgemäß etwas über dem EU-Schnitt. 96 % der österreichischen Lehrpersonen geben an mit der Arbeit zufrieden zu sein. TALIS beschränkt sich auf Schulen aus der Sekundarstufe, Lehrpersonen aus dem Primarschulbereich werden bei TALIS nicht berücksichtigt.

Ergebnisse aus Untersuchungen zu unterschiedlichen Schularten zeigen, dass Lehrpersonen in der Primarstufe die höchsten Zufriedenheitswerte angeben (Ammann, 2004, S. 81). Lehrpersonen in der Sekundarstufe lassen sich aufgrund der unterschiedlichen Schultypen und Ausbildungen nicht so eindeutig beschreiben, da Hauptschulen/Mittelschulen und Gymnasien unterschiedliche Bedingungen aufweisen.

Zufriedenheitsuntersuchungen zum Dienstalter kommen meist zum Ergebnis, dass ältere Lehrpersonen höhere Zufriedenheitswerte angeben (Schütz, 2003). Merz (1979, S. 242) nennt dafür Anpassung, Resignation, den Erwerb von beruflicher Kompetenz und zunehmende Verbesserung der konkreten Arbeitsbedingungen als Gründe, warum ältere Lehrpersonen eine höhere Zufriedenheit angeben.

Zusammenfassend lässt sich hier feststellen, dass vor allem die pädagogische Tätigkeit, also die Arbeit mit Kindern, zur Berufszufriedenheit beiträgt. Da unterschiedliche Messinstrumente und theoretische Konstrukte Anwendung fanden, lassen sich aber nur bedingt allgemein gültige Aussagen treffen.

Mit dieser Arbeit soll ein weiterer Beitrag zu diesem Thema geleistet werden. Diese berücksichtigt, wie schon angesprochen, das Dienstalter und den Primarstufenbereich.

3.2 Begriffsklärung Berufs- und Arbeitszufriedenheit

Auch wenn im Kapitel davor ein Überblick über die Forschungsarbeiten zur Berufszufriedenheit gegeben wurde, so soll nicht der Eindruck entstehen, dass es sich bei diesem Thema um ein wenig kontroversielles Thema handelt. Weinert (1992) meint dazu, dass die an der Anzahl der Untersuchungen gemessenen Erkenntnisse nur sehr unbefriedigend sind. Außerdem wird angeführt, dass es keinen einheitlichen Theoriehintergrund gäbe und auch keine allgemein anerkannte Begriffsfestlegung von Berufszufriedenheit. Ebenso wird von Gawellek (1987, S. 46) kritisiert, dass es sich bei dem Begriff Berufszufriedenheit um ein Artefakt handelt, der durch eine fehlende Übereinstimmung zwischen Zufriedenheitsdefinitionen der Befragten und der Fragenden entsteht und diese erst durch den Messvorgang erzeugt wird.

In vorliegender Arbeit wird nicht der Versuch unternommen diese Kritikpunkte zu entkräften, es soll lediglich erwähnt werden, dass diese bekannt sind und mitgedacht werden. Letztendlich geht es aber in dieser Untersuchung darum, den Zusammenhang zwischen Berufszufriedenheit, Fort- und Weiterbildung und Dienstalter näher zu fassen.

Der Begriff Zufriedenheit wird auch alltagssprachlich verwendet, daher ist eine Klärung im Sinne dieses Forschungsvorhabens vorzunehmen. Merz (1979, S. 19) geht in diesem Zusammenhang von alltagssprachlichen Analysen aus und bringt die Begriffe Frieden und Ruhe ein, wonach der Zufriedenheitsbegriff einen Subjekt-Objekt-Bezug impliziert. Ipfling (1995, S. 24) fügt hinzu, „dass es sich auch um Subjekt-Subjekt-Bezüge (interpersonale) und um selbstreflektorische (intrapersonale) Bezüge handeln kann, insofern ich auch mit den Relationen zu anderen Personen zufrieden/unzufrieden sein kann, ebenso mit mir selbst in meinen Einstellungen, Handlungen etc."

Harb (1985, S. 5) konstatiert, dass Personen die Begriffe Zufriedenheit und Berufszufriedenheit am häufigsten mit Ruhe und Entspannung, Glück und Freude und mitmenschlicher Zuwendung assoziieren. Berufszufriedenheit wird mit Freude und einem angenehmen zwischenmenschlichen Klima verbunden.

Im Online Lexikon Stangl (Abruf: 22.01.2018) wird bei der Definition von Zufriedenheit auf Differenzmodelle zurückgegriffen, demnach definiert sich Zufriedenheit aus einem Soll-Ist-Vergleich subjektiv wahrgenommener und auf Basis bestehender Vergleichsniveaus erwarteter Leistungsprofile. Als Zufriedenheit wird allgemein die Übereinstimmung einer Erwartung eines Menschen vor einer Handlung mit deren tatsächlichem Erleben danach bezeichnet. Der Grad der Zufriedenheit ist dann abhängig vom Ausmaß der Diskrepanz zwischen Handlungserlebnis und Erwartung.

Und es ließen sich hier noch eine Reihe weiterer Definitionen anführen, die in der lexikalischen Literatur vorkommen. Ähnlich sind sich alle darin, dass sie einen psychischen Zustand der Ausgewogenheit und des Glücks beschreiben.

Dem Resümee von Ammann (2004, S. 16) kann beigepflichtet werden. Trotz umfangreichen Literaturstudiums liegt keine allgemein gültige und eindeutige Begriffsbestimmung von Berufszufriedenheit vor.

In den USA gibt es eine längere Tradition, die sich mit der Erforschung von Arbeits- und Berufszufriedenheit befasst. In Zentrum stehen Begriffe, die teils synonym und teils unterschiedlich gebraucht werden. Job satisfaction, job attitude, vocational satisfaction und industrial morale sind die vorwiegend verwendeten Termini. Im deutschsprachigen Raum hat sich nach Bruggemann für job satisfaction die Übersetzung Arbeitszufriedenheit durchgesetzt, welche die Zufriedenheit mit einem gegebenen betrieblichen Verhältnis meint (Bruggemann, 1975, S. 13). Vocational satisfaction „entspricht im Deutschen dem Begriff von Berufszufriedenheit im Sinne der Akzeptanz einer einmal getroffenen Berufswahl" (Ammann, 2004, S. 17).

Um job satisfaction von vocational satisfaction abzugrenzen, ergänzt Crites, „vocational satisfaction can be defined as an individual's average job satisfaction" (Crites 1969, S. 473). Bruggemann folgert daraus, dass Berufszufriedenheit als durchschnittliche Arbeitszufriedenheit über einen längeren Zeitraum verstanden werden kann (Bruggemann, 1975, S. 19). Ebenso kommt er zur Ansicht, dass der Begriff Arbeitszufriedenheit dem englischen job satisfaction im Sinne von Zufriedenheit mit einem bestehenden Arbeitsverhältnis entspricht. Der Terminus der Berufszufriedenheit meint eine längerfristige Zufriedenheit im Sinne von Crites.

Bei den Begriffen Arbeitszufriedenheit und Berufszufriedenheit sind im deutschsprachigen Raum keine klaren Abgrenzungen ersichtlich und sie werden häufig auch synonym verwendet. Es lassen sich in der wissenschaftlichen Literatur mehrere Varianten dieser Begriffe finden. Auch Merz (1979, S. 21) entscheidet sich für einen synonymen Gebrauch und differenziert so:

- Berufs- bzw. Arbeitszufriedenheit als emotionaler Zustand,
- Berufs- bzw. Arbeitszufriedenheit als Einstellung,
- Berufs- bzw. Arbeitszufriedenheit als Motiv,
- Berufs- bzw. Arbeitszufriedenheit als Persönlichkeitsmerkmal.

Daraus ableitend definiert Merz Arbeitszufriedenheit folgendermaßen:

„Arbeitszufriedenheit ist ein innerseelischer Zustand, der aus der emotional affektiven und rationalen Beurteilung des Arbeitsverhältnisses resultiert und mit dem Verhalten in einem gewissen Zusammenhang steht." (Merz, 1979, S. 29).

Zahlreiche Varianten dieser beiden Begriffe finden sich auch in der soziologischen, pädagogisch-fachlichen, psychologischen und politischen Literatur. Schaarschmidt und Kieschke (2007) führen in ihrem Buch zu psychologische

Unterstützungsangeboten für Lehrerinnen und Lehrer ausführlich an, dass sich unter anderem auch Ansätze einer pädagogischen Professionalisierungsforschung zeigen, die auf Zufriedenheit eingehen.

Für die vorliegende Forschungsarbeit legt sich der Autor auf folgendes Verständnis fest:

Die Begriffe der Berufszufriedenheit und der Arbeitszufriedenheit stellen komplexe Konstrukte dar, welche für die wissenschaftliche Verwendung vom alltagssprachlichen Gebrauch streng abgehoben werden müssen. Eine für die vorliegende Untersuchung funktionale Definition muss allerdings willkürlich erfolgen, weil das Forschungsinteresse im Mittelpunkt steht und nicht ein Interesse daran, den Sprachgebrauch in der Begriffsverwendung zu untersuchen. Die Begriffe von Berufs- und Arbeitszufriedenheit werden daher synonym gedacht, auch wenn in weiterer Folge nur von Berufszufriedenheit gesprochen wird, und deren Differenz betrifft nicht das engere Forschungsinteresse dieser Untersuchung. Dennoch steht es für den wissenschaftlichen Gebrauch dieser Termini außer Frage, dass nicht einzelne Aspekte des subjektiven und objektiven Verhältnisses zum Beruf, sondern ein Zusammenspiel derselben den Begriff der Berufszufriedenheit prägen.

Für diese Untersuchung wird die Begriffsbestimmung von Bruggemann verwendet, der unter Berufszufriedenheit die Zufriedenheit mit der eigenen Erwerbstätigkeit, also die durchschnittliche Arbeitszufriedenheit über einen längeren Zeitraum hinweg, versteht (1975, S. 19). Diese Definition ist trotz älterer Herkunft für die empirische Studie verwendbar, pragmatisch richtig und unkompliziert.

3.3 Messung der Berufszufriedenheit

Zur Messung von Berufszufriedenheit werden vorwiegend mündliche oder schriftliche Befragungen gewählt. Die Datenerhebung kann zum einen durch Interviews, und zum anderen schriftlich, durch einen Fragebogen, erfolgen. Der Grad der Strukturiertheit wird in den meisten Erhebungen in hoch und niedrig differenziert. Ammann (2004) verwendete eine mündliche, weniger strukturierte Befragung, diese stellen aber die Ausnahme dar. Häufiger sind jedoch schriftliche, standardisierte Datenerhebungen.

Zur Messung der Berufszufriedenheit wird in dieser Untersuchung eine Skala von Hartmut Ditton herangezogen. Es gibt zahlreiche Skalen um die Berufszufriedenheit zu messen, zum Beispiel wird in Österreich häufig der Arbeitsklimaindex der Arbeiterkammer angewendet. Dieser wäre eine Option gewesen, um die Ergebnisse mit Erwerbstätigen aus anderen Branchen und anderen beruflichen Settings zu vergleichen. Da aber nicht die Berufszufriedenheit per se, sondern deren Zusammenhänge mit Dienstalter und Fort- und Weiterbildung erhoben werden, wurde nach einer für den Lehrerberuf spezifischen Skala gesucht.

Die hier zur Anwendung kommende Skala wurde bisher immer in Untersuchungen mit der Zielgruppe Lehrpersonen verwendet. In einem DFG[4]-Projekt mit dem Titel „Qualität von Schule und Unterricht" wurde diese erstmals verwendet. Ebenso wurde diese Skala in weiteren Publikationen (Clausen, 2001; Ditton, & Merz, 2000) zur Anwendung gebracht. Die Berufszufriedenheit, gemessen mittels dieser in Tabelle 1 angeführten Skala, stellt im empirischen Abschnitt ab Kapitel 8 eine abhängige Variable dar.

Tabelle 1: Skala Berufszufriedenheit

Einleitender Text:	In welchem Maße stimmen Sie folgenden Aussagen zu Ihrer Berufstätigkeit als Lehrkraft zu?			
Items:	Item-Formulierung	Mittelwert	Standardabweichung	Trennschärfe
	Ich bin mit meinem Beruf sehr zufrieden.	3.03	0.76	0.69
	Ich habe das Gefühl, dass ich mit der Belastung des Lehrerberufs nicht fertig werde. (umgepolt)	3.36	0.73	0.61
	Wenn ich mein Leben neu planen könnte, würde ich wieder Lehrerin bzw. Lehrer werden.	3.14	0.87	0.58
	Meine Arbeit macht mir nur wenig Spaß. (umgepolt)	3.43	0.70	0.76
	Freizeit und Hobbies geben mir mehr Befriedigung als Schule und Beruf. (umgepolt)	2.84	0.80	0.44
	Ich fühle mich durch die Belastungen des Lehrerberufs überfordert. (umgepolt)	3.00	0.85	0.63
Skalierung:	1 = stimme voll zu; 2 = stimme eher zu; 3 = stimme eher nicht zu; 4 = stimme überhaupt nicht zu			
Cronbachs Alpha:	0.84			
Mittelwert:	3.06			
Standardabweichung:	0.54			

---

4 Deutsche Forschungsgemeinschaft

Ein Cronbach Alpha Wert von über 0,8 kann als „gut" bezeichnet werden (Hossip, 2019). Cronbachs Alpha ist eines von mehreren Verfahren, um die Reliabilität zu quantifizieren. Lienert & Raatz beschreiben die Reliabilität eines Fragebogens mit dem Grad der Genauigkeit, mit dem ein bestimmtes Verhaltens- und Persönlichkeitsmerkmal gemessen wird (1994, S. 9). Es gibt das Verhältnis von beobachteter Varianz zur Varianz der wahren Testwerte an und ist damit ein Maß für die interne Konsistenz (Bortz & Döring, 2006, S. 725). Vor allem in der psychologischen und sozialwissenschaftlichen Forschung wird es eingesetzt, um die interne Konsistenz psychometrischer Verfahren zu messen.

4. Theoretische Vorannahmen

Gemäß der in Kapitel 1.2 angeführten leitenden Forschungsfrage „Wie hängen die Berufszufriedenheit und das Dienstalter von Lehrpersonen der niederösterreichischen Volksschule mit dem Besuch von Fort- und Weiterbildungsveranstaltungen zusammen?" gilt es zu überdenken, welche Relevanz diese Fragestellungen in sich tragen. In diesem Kapitel wird demzufolge eine Literaturrecherche und eine Auseinandersetzung mit der Literatur erfolgen, um wesentliche theoretische Vorannahmen zu erläutern, die zu einem besseren inhaltlichen Verständnis beitragen sollen.

Zahlreiche theoretische Konstrukte zur Berufszufriedenheit basieren auf Motivationstheorien. Nach Fischer (1993) besteht ein hypothetischer Zusammenhang zwischen Zufriedenheit und Motivation dadurch, dass Zufriedenheit als eine Konsequenz eines positiven Ereignisses einer motivierten Handlung verstanden werden kann. Dieser motivationstheoretische Ansatz erläutert die spezifischen Faktoren, die Menschen zur Arbeit motivieren. Die Bedürfnistheorie nach Maslow (1943) und die Selbstbestimmungstheorie nach Deci und Ryan (1993) werden aus diesem Grund in weiterer Folge in Kapitel 4.3 und 4.4 angeführt und beschrieben, aber auch andere Modelle und Konzepte werden erwähnt.

4.1 Bedeutung und Wirkung von Berufszufriedenheit

Ammann (2004, S. 71) schreibt, dass generell die allgemeine Berufszufriedenheit auch als wesentlicher Teil der Lebenszufriedenheit zu betrachten ist. Merz ergänzt diese Behauptung damit, dass es eine positive Korrelation zwischen Berufszufriedenheit und Lebenszufriedenheit gibt (1979, S. 269).

Einer der wichtigsten Prädiktoren für ein hohes Lehrer-Engagement und eine hohe Lehrer-Bindung ist die Berufszufriedenheit der Lehrpersonen (Skaalvik & Skaalvik, 2010, 2017).

Untersuchungen zur Berufszufriedenheit werden meist mit dem Hintergrund durchgeführt, Ziele von Organisationen effizienter umzusetzen. Dabei besteht großes Interesse an der Wirkung von Berufszufriedenheit (Schwetje, 1999, Holtz 1997), ganz besonders interessieren die Zusammenhänge von Berufszufriedenheit und Arbeitsverhalten. Ellinger (2002) führt dazu zahlreiche Metaanalysen und Untersuchungen an, die mögliche Einflüsse von Berufszufriedenheit erkunden, unter anderem Führungsverhalten, Arbeitszeiten und Berufserwartungen. Häufig lassen sich in der Literatur folgende drei Standpunkte und Zusammenhänge zwischen Berufszufriedenheit und Leistung ausmachen (Bruggemann, Ulich & Groskurth, 1977; Weinert, 1992; Gebert & Rosenstiel, 2002):

a) Arbeitszufriedenheit fördert Arbeitsleistung

Dieser Standpunkt kommt aus der organisationspsychologischen Forschung. Es wurde allerdings nur ein geringer Zusammenhang festgestellt. Nach Weinert (1992, S. 300) ist das darauf zurückzuführen, dass es unterschiedliche theoretische Annahmen von Berufszufriedenheit unter den Forscherinnen und Forschern gibt und deshalb nur vage Zusammenhänge festzustellen sind. Nach der Motivationstheorie nach Vroom korreliert allerdings die Annahme, dass Zufriedenheit zu mehr Leistung führt (1964). Vroom geht von der Annahme aus, dass allein ein hedonistisches Prinzip nicht ausreiche, um menschliches Verhalten zu beschreiben. Die Theorie die er dazu entwickelt hat greift kognitive Bezüge des menschlichen Handelns auf. Zentrale Elemente dieser Theorie sind: Instrumentalität, Valenz und eine Erwartung, dass eine Handlung zu einem bestimmten Zeitpunkt ein bestimmtes Ende nimmt. Mittels dieser drei Faktoren lassen sich die Prioritäten eines Menschen für bestimmte Handlungsalternativen erkennen. Die Instrumentalität erklärt das Maß des empfundenen Zusammenhangs zwischen einem spezifischen Handlungsergebnis und einem vorgesehenen Handlungsziel. Das Ergebnis kann zum Beispiel eine zu erledigende Aufgabe sein, welche dem Arbeitenden aufgetragen wurde. Ein Handlungsziel könnte ein berufliches Vorankommen dieser Mitarbeiterin/dieses Mitarbeiters sein. Vroom zufolge wird sich ein Individuum umso mehr für eine mögliche Handlung entscheiden, je wichtiger damit einhergehende Ziele sind (Valenz), je passender Handlungen zum Bewältigen der Ziele adäquat sind (Instrumentalität) und je bedeutsamer der Eindruck ist, die Handlung auch tatsächlich durchzuführen (Rosenstiel 2002, S. 379f.). Zufriedenheit macht sich breit, wenn ein Individuum über einen optimalen Pfad an bedeutsame Ziele gelangt, und ebenfalls, wenn dieses Individuum sich zutraut, eine relevante Aufgabe zu bewältigen.

An dieser VIE-Theorie wird kritisiert, dass eine Operationalisierung schwierig sein kann. Ebenso fehlen empirische Überprüfungen dieses Standpunktes und eine Konkretisierung der drei Komponenten Instrumentalität, Valenz und Erwartung.

b) Leistung fördert Berufszufriedenheit

Hierzu wurden in den letzten Jahren verstärkt Untersuchungen durchgeführt. Rosenstiel sieht es als bedeutungsvoll an, in dieser Konstellation intrinsische und extrinsische Motivationen zu differieren. Extrinsische Motivation bewirkt indirekt Berufszufriedenheit, da das Geleistete erst von einer dritten Stelle honoriert werden muss (Rosenstiel 2002, S. 89f.). Mittels intrinsischer Motivation kann Leistung direkt in Berufszufriedenheit münden, da alleine der Vollzug der Tätigkeit den Charakter einer Belohnung inkludiert. Rosenstiel sieht Berufszufriedenheit und Leistung „nicht unabhängig voneinander, sondern – vermittelt über lern- und motivationspsychologische Prozesse – in systematischer Weise funktional aufeinander bezogen" (2002, S. 90).

c) Berufszufriedenheit und Arbeitsleistung werden von mehreren Faktoren beeinflusst (Biografie, Erwartungen, Möglichkeiten)
Dieser Standpunkt meint, dass Berufszufriedenheit und Arbeitsleistung von zusätzlichen Faktoren beeinflusst werden. Werte, Bedürfnisse, Fertigkeiten, Selbstvertrauen und die individuelle Anpassung einer Mitarbeiterin/eines Mitarbeiters, um nur ausgewählte zu nennen, sind ebenso relevant.

In späteren Untersuchungen zum Thema Berufszufriedenheit werden deren Wirkung nachgewiesen und bestätigt, wobei „beide Faktoren in einer nicht zu vernachlässigenden Beziehung stehen, auch wenn die Frage nach der Kausalität nicht eindeutig geklärt ist" (Rosenstiel, 2002, S. 90).

4.2 Bedeutung und Wirkung einer zufriedenen Lehrperson

Ganz trivial könnte die Frage gestellt werden, warum denn Lehrpersonen überhaupt zufrieden sein sollen, schließlich handelt es sich doch um eine klar definierte Berufsbeschreibung, die in verschiedenen gesetzlichen Dokumenten ausformuliert ist. Dass zufriedene Lehrpersonen allerdings eine besondere Wirkung auf Schule und Unterricht haben, soll hier im Weiteren erläutert werden.

Hohe Zufriedenheit am Arbeitsplatz ist mit Wohlbefinden, geringerer Fluktuation und besseren Ergebnissen der Schülerinnen und Schüler verbunden, das wurde in einer großen Untersuchung von Dicke in einem kooperativen Forschungsprojekt der Universität Bochum und der katholischen Universität Australien festgestellt (Dicke, Marsh, Parker, Guo, Riley & Waldeyer, 2019). Die auf einer sehr großen repräsentativen Stichprobe (N =142 280) basierenden Ergebnisse zeigen, dass die Berufszufriedenheit mit dem Arbeitsumfeld sowohl von Lehrpersonen als auch von Schulleitern hoch ist, wenn die Leistungen der Schüler/innen hoch sind. Das disziplinäre Klima der Schule war nur mit der Zufriedenheit der Lehrpersonen verbunden. Diese Ergebnisse zeigen, wie Schüler/innen, Lehrer/innen und Schulleiter/innen sich gegenseitig beeinflussen.

Nach den Forschungsergebnissen von Grams (2014) muss es ein Ziel der Schulentwicklung sein, in das Schaffen und Erhalten positiver Beziehungen im Klassenraum sowie im gesamten Schulalltag zu investieren und zwar im Hinblick auf die psychische und physische Gesundheit von Lehrerinnen und Lehrern selbst, aber auch im Sinne der Erfüllung einer guten Erziehungs- und Bildungsaufgabe (S. 184ff.).

Eine Studie von Klusmann und Richter (2014) zeigt den Zusammenhang zwischen berufsbezogener Belastung von Lehrpersonen (in Form von Erschöpfung, Burnout, Stress) und der Schülerleistung in Mathematik und Lesen. Es wurden Schüler/innen und ihre Lehrkräfte im Rahmen des IQB-Ländervergleichs in der Primarstufe befragt. Bei dieser Untersuchung wird deutlich, dass Schüler/innen, die von Lehrpersonen erhöhter emotionaler Erschöpfung unterrichtet werden, eine schlechtere Testleistung aufweisen als andere (Klusmann & Richter, 2014, S. 217 ff.). Die Ergebnisse dieser Studie belegen, dass nicht nur kognitive Merkmale von Lehrerinnen/Lehrern wie Wissen und Können einen Effekt auf den Unterricht haben, sondern auch motivationale und emotionale Verhaltensmuster ausschlaggebend sind (Klusmann, & Richter, 2014, S. 202). Motivation, Berufszufriedenheit, Sorgen oder Probleme haben Einfluss auf das Leistungsvermögen, beispielsweise wie konzentriert gearbeitet wird oder wie viele Aufgaben erledigt werden können. In der Privatwirtschaft wird daher bereits seit Jahren in Form von Coaching und Mitarbeitertrainings aktiv an einem positiven Arbeitsklima und/oder -umfeld gearbeitet. In öffentlichen Einrichtungen bleiben solche Konzepte häufig aufgrund finanzieller Engpässe auf der Strecke (Grams, 2017, S. 26f.).

Schaarschmidt & Kieschke (2007) betonen, dass die psychische Gesundheit für Lehrpersonen mehr noch als in anderen Berufen Basisvoraussetzung für die Ausübung des Berufes ist. Schließlich wird von den Lehrkräften erwartet, dass sie, über die Wissensvermittlung hinaus, zur Förderung sozialer und emotionaler Fähigkeiten der Schüler/innen beitragen. Um dies erfüllen zu können, brauchen Lehrende ausreichend psychische Kraft. Darüber hinaus bedarf es Lehrpersonen, an denen sich die Schüler/innen orientieren können. Ausgelaugte, kraftlose Personen können den zu Unterrichtenden schwer eine Partnerin/ein Partner sein, die/der ihnen bei der Persönlichkeitsentwicklung zuverlässig zur Seite steht (S. 15 f.).

Sehr umfangreich beschreibt vor allem auch die Burnout-Forschung die Auswirkungen von Belastungen auf den Unterricht. Hohe emotionale Erschöpfung, herabgesetzte Leistungsfähigkeit oder Interessensverlust am sozialen Umfeld gehören zu den Symptomen eines ausgeprägten Burnout-Syndroms. Es ist daher offensichtlich, dass diese Krankheitsanzeichen die Leistungsfähigkeit von Lehrpersonen und schließlich die Lernumgebung der Schüler/innen im Klassenzimmer beeinflussen bzw. einen starken Einfluss auf die schulische Praxis haben. Studien belegen, dass die Ursachen solcher Symptome hochgesteckte Erwartungen an sich selbst (persönlicher Ehrgeiz) und das erfolglose Bewältigen von Misserfolg und Unzufriedenheit sind (Grams, 2017, S. 44).

Auch nach Bromme und Haag kann beruflicher Erfolg bzw. erfolgreicher Unterricht nur dann stattfinden, wenn bei den Lehrpersonen eine grundsätzliche Zufriedenheit im beruflichen Alltag vorherrscht (2008, S. 812 f.). Mit der Kurzformel „Glückliche Lehrer/innen – guter Unterricht" könnte diese Aussage auf den Punkt gebracht werden. „Lernen und gelingender Unterricht sind eng mit dem positiven Erleben zwischenmenschlicher Beziehungen verbunden." (Grams, 2017, S. 47). Je positiver Lehrer-Schüler-Beziehungen erlebt werden, desto größer beschreiben Schüler/innen die Vorfreude auf den Unterricht und auf das Lernen. Je besser Lehrpersonen fähig sind, Beziehungen wertschätzend, respekt- und vertrauensvoll zu gestalten, desto lieber besuchen Schülergruppen den Unterricht (Grams, 2017, S. 46). Eine entspannte Lernatmosphäre, in der auch öfters einmal gelacht werden darf und Lehrpersonen als humorvoll wahrgenommen werden, ist für die Freude und das Interesse am Lernen sowie für eine gesteigerte Lernmotivation der Schüler/innen vorteilhaft (Helmke, 2012, S. 231). Meyer bestätigt ebenso, dass Schüler/innen aufgrund einer vorherrschenden positiven Lernumgebung freudvoller am Unterrichtsgeschehen teilnehmen und zufriedener sind. Das Ausmaß an Unterrichtsstörungen sowie aggressives Schülerverhalten nehmen ab und ein gesteigertes Interesse am Lernen seitens der zu Unterrichtenden wird deutlich. Nachhaltige positive Auswirkungen auf die Lern- und Leistungsbereitschaft sind die Folge (2018, S. 51 f.).

Dennoch schaffen Lehrende durch das Pflegen zwischenmenschlicher Beziehungen im Unterricht eine Grundlage für das Gelingen ihrer Kernaufgabe und gleichzeitig eine Ressource, die zur Steigerung ihres beruflichen Wohlbefindens beiträgt (Grams, 2017, S. 47). Daher benötigen Schulen, die gute Lernorte darstellen wollen, Lehrkräfte, die handlungs- und beziehungsfähig sind (Grams, 2014, S. 183 f.). Das Streben nach psychisch und physisch gesundem Lehrpersonal ist daher nicht nur für die Lehrenden selbst von großer Bedeutung, sondern auch für den Lernerfolg und die Lernumgebung der Schüler/innen (Grams, 2017, S. 14).

Dreer formuliert dazu, dass Menschen lernen und sich entwickeln, wenn sie in Umgebungen sind, die eine Erfüllung zentraler Bedürfnisse möglich machen. (2018, S. 11). Er thematisiert die Bedeutsamkeit psychologischer Grundbedürfnisse eines Menschen, die in zahlreichen empirischen Untersuchungen als notwendige Bedingungen für Lern- und Entwicklungsprozesse ausgemacht wurden. Populäre Ansätze dazu stammen von Deci & Ryan (2000), Maslow (1943) und Dreer (2018). Die von Abraham Maslow (1943) entwickelte Bedürfnispyramide wird in Abbildung 3 dargestellt.

4.3 Bedürfnispyramide nach Maslow

Das pyramidenförmige Modell mit hierarchischer Ordnung veranschaulicht die Grundbedürfnisse eines Menschen, an deren Spitze die Selbstverwirklichung steht.

Abbildung 3: Bedürfnispyramide nach Maslow

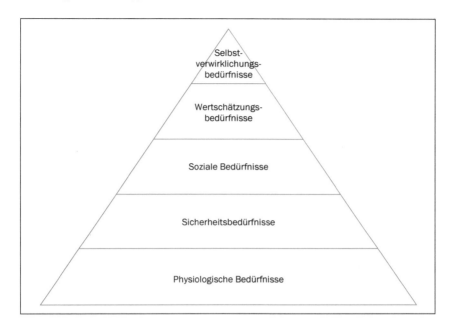

Die Pyramide[5] ist in fünf Bereiche gegliedert. Dazu zählen die physiologischen Bedürfnisse bzw. Grund- oder Existenzbedürfnisse (Bedürfnis nach Sauerstoff, Wasser, Schlaf, Bewegung etc.), die Bedürfnisse nach Schutz und Sicherheit (Bedürfnis nach Stabilität, nach einer sicheren Umgebung, nach Ordnung etc.), die Bedürfnisse nach Liebe und Zugehörigkeit (Sozialbedürfnis), die Bedürfnisse nach Anerkennung und Wertschätzung (Bedürfnis nach Achtung, Respekt, Status, Aufmerksamkeit, Kompetenz, Freiheit etc.) und das Bedürfnis nach Selbstverwirklichung. Erst wenn ein Bedürfnis weitgehend gestillt ist, wird das nachfolgende relevant. Die Bedürfnisse, die sich in diesen ersten vier Bereichen befinden, betrachtet Maslow als lebenswichtig. So sind beispielsweise Liebe und Wertschätzung für die Gesundheit unerlässlich. Laut Maslow sind diese Bedürfnisse, ähnlich wie auch die Instinkte genetisch in uns verankert. Wird ein Blick auf die menschliche Entwicklung geworfen, wird deutlich, dass der Mensch diese Bereiche ähnlich wie Entwicklungsstufen durchläuft. Neugeborene haben ihre Bedürfnisse nahezu vollständig im physiologischen Bereich. In ihrer weiteren Entwicklung gewinnt das Gefühl von Sicherheit an Bedeutung und danach

---

5   Selbst gezeichnete Pyramide nach den fünf größten Kategorien an humanen Bedürfnissen nach Maslow (1943): physiological needs, safety needs, love needs, esteem needs, needs for self-actualization.

der Wunsch nach Aufmerksamkeit und Zuneigung. Etwas später kommt schließlich das Suchen nach dem Selbstwertgefühl. All dies geschieht während der ersten Lebensjahre. Personen unter Stress oder in lebensgefährlichen Situationen können auf eine niedrigere Bedürfnisstufe zurückfallen. Wird beispielsweise jemand von seiner Familie allein gelassen bzw. verlassen, rückt das Gefühl von Liebe stark in den Vordergrund. Ähnliches gilt für die gesamtgesellschaftliche Ebene. So sehnt sich eine instabile Gesellschaft nach einem Anführer, der wieder Ordnung schafft, fallen erste Bomben, suchen die Menschen Schutz und Sicherheit, sind Supermärkte geplündert, werden die Bedürfnisse noch grundlegender. Auf der Stufe der Selbstverwirklichung sieht dies ein wenig anders aus, denn hier handelt es sich um Bedürfnisse, die keine Balance einschließen. Haben sich diese Bedürfnisse der Selbstverwirklichung einmal eingestellt, werden sie weiterhin empfunden. Werden sie „genährt", können sie sogar stärker werden. Diese Bedürfnisse beinhalten das andauernde Bedürfnis, das eigene Potential vollständig auszuschöpfen – man möchte alles sein, was man sein kann. Um zur Selbstverwirklichung zu gelangen, müssen laut dieser Theorie niedrigere Bedürfnisse zum größten Teil abgedeckt sein, da es anders nicht gelingt, sich auf das Ausschöpfen der eigenen Potenziale zu konzentrieren (Boeree, 2006, S. 4–7).

„Auf der Stufe der Selbstverwirklichung wird dabei, so Maslow, die dauerhafteste und stabilste Ausprägung menschlicher Zufriedenheit erreicht." (Ammann, 2004, 52)

4.4 Selbstbestimmungstheorie nach Deci und Ryan

Die von den beiden Forschern Eduard L. Deci und Richard M. Ryan entwickelte Selbstbestimmungstheorie, kurz SDT, basiert auf drei grundlegenden psychologischen Bedürfnissen, die als motivationale Antriebskräfte eines Menschen verstanden werden: Kompetenz, soziale Einbindung und Autonomie im Sinne von selbstbestimmtem Handeln. Nach dieser Theorie hängt die Motivation für bestimmtes menschliches Verhalten davon ab, inwieweit diese drei Bedürfnisse befriedigt werden. Sich mit anderen Menschen verbunden zu fühlen, in der Umgebung mitwirken und gleichzeitig autonom und frei handeln zu können, ist nach Deci und Ryan bedeutsam für den Menschen. Dabei wird zwischen intrinsischer und extrinsischer Motivation unterschieden, wobei die Unterscheidung im Grad der Selbstbestimmtheit liegt. Intrinsische Motivation entsteht aus sich selbst. Intrinsisch motivierte Tätigkeiten werden vollzogen, weil sie Spaß machen und als sinnvoll oder herausfordernd gesehen werden. Ganz im Gegensatz zur extrinsischen Motivation, bei der das Verhalten von außen bestimmt wird. Eine Person wird beispielsweise nur tätig, um für ihr Handeln eine Belohnung zu erlangen oder um negative Konsequenzen zu vermeiden (Deci & Ryan,

1993, S. 224–229). Lipowsky (2014, S. 513) erläutert, dass die Selbstbestimmungstheorie von Deci und Ryan auch als theoretische Perspektive für das Lernverhalten von Lehrpersonen in der Fort- und Weiterbildung herangezogen werden kann.

Dreer (2018) beschäftigt sich mit der professionellen Begleitung beginnender Lehrpersonen vom Praktikum bis zum Berufseinstieg und unterstreicht in diesem Prozess die Wichtigkeit der Erfüllung aktueller Bedürfnisse als Grundlage für jegliches Lernen sowie für die persönliche Weiterbildung. Gleichzeitig können nach Dreer (2018) Lehrer/innen ihre berufliche Tätigkeit gesünder und erfolgreicher durchführen, wenn das schulische Umfeld wichtige Bedürfnisse erfüllt. Die Freude am Unterrichten, das Engagement, die Leistungsfähigkeit sowie die Zufriedenheit sind durch eine bedürfniserfüllte Berufsausübung deutlich erhöht.

Aus Ergebnissen von Lamy (2015) geht ebenso hervor, dass das erfolgreiche Bewältigen beruflicher Anforderungen bei Lehrpersonen zu großer Zufriedenheit führt. Die hohe Zufriedenheit ist demzufolge ein Ergebnis der positiven Bewältigung von Anforderungen bezugnehmend auf persönliche Bedürfnisse. Das Befriedigen eines Bedürfnisses stellt ein Ziel dar, das Ziel (Soll-Zustand) zu erreichen, stellt für die Person eine Anforderung dar. Zu den Bedürfnissen von Lehrpersonen zählt Lamy (2015), ähnlich wie Maslow und Deci und Ryan, unter anderem ein positives Selbstwertgefühl, Anerkennung, Sicherheit, Beständigkeit, Harmonie, positive soziale Beziehungen sowie das Zufriedensein. Das Bewältigen beruflicher Anforderungen ist laut Lamy daher häufig primär auf das Befriedigen persönlicher Bedürfnisse gerichtet (Lamy, 2015, S. 332 f.). Für Lehrpersonen, in der Rolle der/des Lernenden, ist es eine zentrale Herausforderung, die eigene berufliche Entwicklung zu gestalten und dadurch zu einem professionellen Selbst zu finden.

All diese Aspekte unterstreichen die Bedeutung einer bedürfnisorientierten Begleitung durch zum Beispiel Fort- und Weiterbildungsangebote, die darauf abzielen, bei der Bearbeitung und Erfüllung des jeweilig auftretenden Bedürfnisses, zu unterstützen. Solch eine Begleitung stellt eine wertvolle Hilfestellung für Lehrpersonen dar. Sie werden dadurch nicht nur zufriedener und weniger belastet, sondern auch aktivere und eigenständigere Lehrpersonen. Demnach leistet eine bedürfnisorientierte Begleitung nicht nur einen wichtigen Beitrag zur Kompetenzentwicklung und zum professionellen Fortkommen von Lehrpersonen, sondern unterstützt auch beim Erreichen der Ziele (Dreer, 2018, S. 12 f.).

Ein Bedürfnis nach Selbsterprobung meint, dass Lehrpersonen komplexen schwierigen Situationen erfolgreich begegnen möchten und sich als kompetent und selbstbestimmt erleben wollen.

Das Bedürfnis nach Selbstverwirklichung als Lehrperson beschreibt die Möglichkeit, sich der Selbstverwirklichung zuzuwenden. Das Bedürfnis nach

Selbstverwirklichung geht im Gegensatz zu den anderen Bedürfnissen, die durch konkrete Maßnahmen und Handlungen in der Begleitung gefördert werden können, stark von der Person selbst aus. Sich selbst zu verwirklichen bezeichnet das volle Ausschöpfen des eigenen Potenzials hinsichtlich der vielschichtigen beruflichen Tätigkeiten (Dreer, 2018, S. 13–18; 36–72).

Das Wissen um den Stand der beruflichen Bedürfnisse von Lehrpersonen hilft demzufolge nicht nur dabei, Probleme und Krisen besser nachvollziehbar zu machen, sondern „erleichtert auch das gezielte Eingehen auf unterschiedliche Ausbildungsstände und das gemeinsame Erarbeiten von Lösungsansätzen" (Dreer, 2018, S. 20). Pelletier, Séguin-Lévesque und Legault (2002) legen den Fokus auf das Wohl der Schüler/innen und betonen in diesem Zusammenhang, dass Lehrkräfte mit erfüllten Bedürfnissen auch vermehrt individuelle Bedürfnisse der Schüler/innen wahrnehmen und berücksichtigen (Dreer, 2018, S. 16).

> „Lehrpersonen können den Kindern erst dann gesunde Wachstumsbedingungen bieten, wenn sie diese selber bekommen." (Juul, 2012, zit. in Grams, 2017, S. 85).

4.5 Weitere Theorien, Modelle und Konzepte

Ausgewählte weitere Modelle und Konzepte zur Berufszufriedenheit, die dem wissenschaftlichen Diskurs zu diesem Thema häufig zugrunde gelegt werden.

Herzbergs Zwei-Faktoren-Theorie (1959)
Herzberg geht von der Annahme aus, dass Berufszufriedenheit zwei Dimensionen hat, Unzufriedenheit und Zufriedenheit. Beide Dimensionen werden von zahlreichen Faktoren beeinflusst. Er spricht von Kontent- und Kontextfaktoren. Im Unterschied zu den Kontentfaktoren deskribieren die Kontextfaktoren die Wirkung der Arbeitsumgebung auf die Berufszufriedenheit. Als Kontextfaktoren sind soziale Beziehungen zu Kolleginnen und Kollegen und Vorgesetzten, die Organisation der Dienststelle, die Honorierung, und weitere Arbeitsumstände, sowie gesellschaftliche Bedingungen im Zusammenhang mit Arbeit zu sehen. Als Kontentfaktoren nennt Herzberg Leistungserfolg, Anerkennung, Arbeitsinhalte, persönliche Entfaltung im Arbeitsprozess und einen hierarchischen Aufstieg. Kontentfaktoren bezeichnet er eher als Gründe für Zufriedenheit, Kontextfaktoren als mögliche Gründe für Unzufriedenheit.

Resümierend kam Herzberg zum Ergebnis, dass die Inhalte der Arbeit der wesentlichste Faktor zur Erlangung von Berufszufriedenheit ist und nicht äußere Umstände diese bedingen.

Im Tätigkeitsbereich von Lehrpersonen ist dieses Modell nur bedingt hilfreich, da zahlreiche äußere Umstände auf den Tätigkeitsbereich wirken.

Neubergers Kombinatorische Konzeption (1974)

Die Intention von Neuberger ist es, Berufszufriedenheit mit weiteren relevanten Faktoren zu beschreiben, damit eine soziale Betrachtungsweise des Themas möglich wird. Das Bedürfnis von Personen nach Selbstverwirklichung steht dabei im Zentrum, oder anders ausgedrückt, die Motivation eines Individuums manifestiert die jeweilige Zufriedenheit (Neuberger, 1974, S. 25). Er verbindet damit vier theoretische Richtungen zu einem Modell der Berufszufriedenheit, was eine breite Darstellung dieser Thematik erleichtern soll. Eine (1) bedürfnisorientierte Konzeption, die um einen Bedürfnisausgleich bemüht ist, eine (2) anreizorientierte, in welcher der Wert der Arbeitsleistung ausschlaggebend ist, eine (3) humanistische, in deren Zentrum ein erfülltes Leben steht und eine (4) kognitive Konzeption, die die Bewältigung von Erwartungen behandelt, bilden sein Modell.

Dieser umfassende Zugang bietet viele Möglichkeiten, dennoch wird kritisiert, dass dieser Zugang empirische Beliebigkeit beinhaltet, da all diese Konzeptionen nur schwierig erhoben werden können.

Katzells Interaktionsmodell (1964)

Katzell geht von einem Soll-Wert aus und bestimmt die Höhe der Berufszufriedenheit mit der Anzahl der Übereinstimmungen zu einem Ist-Wert. Diese Übereinstimmungen werden als Faktorenbündel beschrieben.

Zugrunde liegt diesem Modell die psychologische Interaktionstheorie und damit die Grundüberlegung, dass eine Interaktion zwischen Individuum und Gesellschaft mit Anpassung zu tun hat. Die bestimmenden Größen sind dabei Werte, die die Arbeit per se betreffen, Werte, die sich um menschliche Beziehungen bemühen und Werte, die sich auf externe Bedingungen von Arbeit beziehen. Die individuelle Einschätzung dieser Werte mündet in einer individuellen kritischen Auseinandersetzung mit jeweiligen Situationen und führt dadurch zu weniger oder mehr Berufszufriedenheit.

Bruggemanns Formen der Arbeitszufriedenheit (1975)

Die Theorie von Bruggemann ist vergleichbar mit Katzells Modell. Sie beinhaltet ebenfalls eine Auseinandersetzung mit Ist- und Soll-Werten. Bruggemann erweitert Katzells Modell zur Berufszufriedenheit aber um sechs zusätzliche Merkmale:

> „Progressive Arbeitszufriedenheit (1): Eine positive Grundzufriedenheit entwickelt sich aus einer befriedigenden Arbeitssituation heraus. Zusätzlich besteht dadurch die Möglichkeit neue Motivationen zu entwickeln und neue Ziele zu erreichen.
> Stabilisierende Arbeitszufriedenheit (2): Sie ergibt sich dann, wenn bereits Zufriedenheit mit der Arbeitssituation besteht und sich der Wunsch, das Erreichte zu wahren, manifestiert.

Konstruktive Arbeitszufriedenheit (3): Die betroffene Person versucht der nicht zufrieden stellenden Situation konstruktive Lösungsmöglichkeiten entgegen zu setzen und dadurch eine Verbesserung herbeizuführen. Das Anspruchsniveau bleibt gleich, es resultieren daraus aber erhöhte Veränderungsmotive.

Fixierte Arbeitszufriedenheit (4): Durch Stagnation in der beruflichen Situation wird als belastend empfundene Unzufriedenheit ausgelöst, dennoch werden keine Problemlösungsversuche unternommen.

Pseudo-Arbeitszufriedenheit (5): Abwehrmechanismen sollen dazu beitragen, dass die negative Gesamtsituation verschleiert wird; es findet eine Verfälschung der eigenen Wahrnehmung hinsichtlich der unbefriedigenden Situation statt.

Resignative Arbeitszufriedenheit (6): Eine Minderung des Anspruchsniveaus und Resignation bedingen diese, wohl am meisten belastende, Form von Unzufriedenheit." (Bruggemann, 1975, S. 71 f.).

Merz (1979, S. 48) merkt an dieser Theorie an, dass es sehr schwierig sein wird, diese zahlreichen Formen der Berufszufriedenheit empirisch zu messen.

Büssings kritisches Modell der Zufriedenheitsforschung (1991)
Büssing unternimmt mit seinem Modell den Versuch, Mängeln bisher bekannter Modelle und Theorien zur Berufszufriedenheit entgegenzutreten. Er stellt die Wechselwirkung von Situation und Individuum ins Zentrum und beschreibt Berufzufriedenheit als grundsätzliches Phänomen der Berufstätigkeit.

Das Modell von Vroom wurde schon in Kapitel 4.1 erläutert und es gibt noch einige weitere Modelle zu diesem Themenkomplex wie das von Merz (1979) oder jenes nach Adams (1963).

Zusammenfassend sei erwähnt, dass die hier angeführten Modelle, Konzepte und Theorien nicht allumfassend dargestellt sind, dennoch zeigen diese unterschiedliche Zugänge, die dem Phänomen Berufszufriedenheit grundgelegt worden sind und welche Bedeutung Berufszufriedenheit für das Leben und das Zusammenleben von Menschen hat.

Nachdem diese Forschungsarbeit aber nicht spezifisch das Phänomen Berufszufriedenheit in den Fokus nimmt, sondern dessen Korrelation mit Alter und Fort- und Weiterbildung, wurden diese Modelle und Konzepte hier nur schematisch angedeutet und umrissen.

4.6 Auslöser für Zufriedenheit und Unzufriedenheit von Lehrpersonen

In Kapitel 3.3 wird die in dieser Untersuchung verwendete Skala für Berufszufriedenheit von Lehrpersonen angeführt. Diese Skala folgt den bisher am häufigsten angewandten empirischen Methoden zur Erhebung von Berufszufriedenheit. Es wird davon ausgegangen, dass man durch das Erfragen von subjektiven Einstellungen dem Grad der Berufszufriedenheit am nächsten kommt. In häufig zitierten Studien wurden solche Methoden angewandt (Ulich, 1996; Peez, 1991; Ipfling, 1995; TALIS, 2019; Dicke, Marsh, Parker, Guo, Riley & Waldeyer 2019).

Sowohl in der Studie von Peez (1991) als auch in der Studie von Ipfling (1995) sind die Items Arbeit mit Kindern und unterrichtlicher Erfolg jene, die für die Berufszufriedenheit am bedeutendsten sind. Diese beiden Effekte lassen sich der pädagogischen Tätigkeit zuordnen.

Nicht so eindeutig sind die Ergebnisse, wenn es um Faktoren geht, die zur Unzufriedenheit beitragen, dennoch kommen zum Beispiel die Studien von Ipfling und Peez zum Schluss, dass Kommunikationsprobleme mit der Schulleitung, Schulaufsicht oder Eltern, aber auch erzieherische Herausforderungen zur Unzufriedenheit beitragen.

Ob auch Fort- und Weiterbildung in einem Zusammenhang mit Berufszufriedenheit steht, wurde bisher in keiner dem Autor vorliegenden Studie erkundet.

4.7 Lernen macht zufrieden

Bourdieu beschreibt mit dem Wort Habitus eine innere Haltung und Gesinnung eines Menschen, seine geistige Grundhaltung zur Welt und zu sich selbst (1970, S. 130.) Dieser Habitus drückt eine individuelle Weltsicht und Weltanschauung aus (Kirchner, 1994, S. 44). Die Lernhaltung wird dabei als ein Aspekt eines Lernhabitus gesehen (Wolf, 2007, S. 44). Auch wenn der Begriff Habitus die Gesamtheit der Haltungen eines Menschen umfasst, betrachtet der Begriff der Lernhaltung eine Grundeinstellung zum Lernen (Behr, 2017, S. 130) und Behr führt weiter aus, dass mit diesem Begriff beschrieben wird, wie das Lernen wahrgenommen wird und welche Bedeutung Lernen im Leben hat.

Lernen kann demnach aus unterschiedlichen Gründen erfolgen. Manche Lernende sind hauptsächlich an der Verwertbarkeit des Gelernten interessiert, in diesem Fall geht es um die praktische Anwendung und unter anderem auch darum, Probleme zu bewältigen. Es gibt auch Menschen, die lernen aus ideellen Gründen und wieder andere lernen, um Neues kennen zu lernen (Illeris, 2010, S. 93). Behr kommt zum Schluss, dass je nach Lernhaltung diese Lernbereitschaft in eine mehr oder weniger intensive Verwirklichung von Lernhandlungen mündet und führt weiter aus, dass menschliche Lernprozesse durch habituelle Lernstrategien mit einem Sinn für passende Lernhandlungen generiert werden (2017, S. 131). Damit lässt sich zum Beispiel auf die Bedürfnispyramide nach Maslow (siehe Kapitel 4.3) oder weitere Modelle aus Kapitel 4 schließen.

Wenn es um den Zusammenhang zwischen Zufriedenheit und Erwachsenenbildung geht, also um Lernen im institutionellen Rahmen, lässt sich die BELL[6]-Studie anführen. Diese 2014 durchgeführte Studie kommt zum Schluss, dass Erwachsenenbildung gesünder, glücklicher und selbstbewusster macht (DIE, 2014).

5. Fort- und Weiterbildung

Es kann angenommen werden, dass Lehrpersonen bei der Bildung von Kindern und jungen Menschen eine zentrale Rolle einnehmen. Dräger beschreibt als zentrale Aufgabe von Lehrpersonen „die Unterrichtung, die Lehre, auch die Bildung, die Menschen lernend macht" (2006, S. 130). Als Grundlage für die Durchführung gelingender Lehr-Lernprozesse und damit den Lernerfolg von Schülerinnen und Schülern sind gut ausgebildete Lehrpersonen eine Voraussetzung (Galluzzo & Graig, 1990; Lipowsky, 2006; Hanushek & Rivkin, 2012). Nach Behr (2017, S. 14) vollzieht sich die Entwicklung von professionellen Kompetenzen von Lehrpersonen in drei Phasen: im wissenschaftlichen Studium als erster Phase der Lehrerbildung, im Berufseinstieg als zweiter Phase der Lehrerbildung und mit der stetigen Fort- und Weiterbildung als dritter und längster Phase. Diese dritte Phase ist als zwingend notwendig zu erachten, da die Anforderungen an den Lehrerberuf einem steten Wandel unterworfen sind. Darüber hinaus ist die dritte Phase die mit Abstand längste Ausbildungsphase, sie kann mehrere Jahrzehnte umspannen und bietet daher im Hinblick auf berufsbiographische Professionalisierungsprozesse auch weitreichendere Lerngelegenheiten und Bildungsmöglichkeiten als die erste und zweite Phase. Lehrende werden daher im Beruf immer wieder selbst zu Lernenden, um ihre Berufsfähigkeit zu gewährleisten.

Die stetige Fort- und Weiterbildung ist für Lehrpersonen ein integraler Bestandteil ihres Berufsvollzuges. Wie in Kapitel 2.3 bereits erwähnt gilt in Österreich für Lehrpersonen eine Fortbildungsverpflichtung.

In dieser dienstrechtlichen Verpflichtung wird explizit auf formal-organisierte Fort- und Weiterbildung hingewiesen, welche häufig an Pädagogischen Hochschulen, Universitäten oder Fachhochschulen angeboten wird. Ein Großteil der Lehrpersonen kommt dieser Verpflichtung nach, wie Tabelle 11 in Kapitel 9.2 zeigt.

Die Frage nach dem Nutzen von Fort- und Weiterbildung ist komplex und wird in zahlreichen Forschungsarbeiten dokumentiert. Die Wirkung wird in Kapitel 5.2 noch ausführlicher erläutert. Bei einem Blick in die Erwachsenenbildung, also auch außerhalb der reinen Lehrerfort- und Weiterbildung, zeigt sich, dass formale Bildungsabschlüsse mit der Arbeitsplatzzufriedenheit korrelieren (Mendoliccio & Rhein, 2012). Das hat aber auch damit zu tun, dass damit ein höheres Gehalt bzw. eine aussichtsreichere Position im Betrieb verbunden ist. Gruber und Lenz erläutern, dass neben mikro- und makroökonomischen Zusammenhängen selbstverständlich auch subjektive Einschätzungen des Nutzens von eigenen Weiterbildungsaktivitäten eine wesentliche Rolle spielen (2016,

S. 67). Die schon angeführte BELL-Studie (Benefits of Lifelong Learning) liefert dazu wichtige Erkenntnisse und kommt zum Schluss, dass Erwachsenenbildung gesünder, glücklicher und selbstbewusster macht (DIE, 2014). Diese Erkenntnisse können aber nicht unreflektiert auf die Lehrerfort- und Weiterbildung übernommen werden, da eine bessere Position bzw. auch mehr Einkommen nicht mit dem Besuch von Fort- und Weiterbildungen zusammenhängt, ob aber der Besuch von Fort- und Weiterbildungen mit der Berufszufriedenheit zusammenhängt, soll in dieser Forschungsarbeit untersucht werden.

Eine für das Forschungsanliegen nötige Differenzierung von Fort- und Weiterbildung erfolgt in weiteren Kapiteln.

Berufliche Fort- und Weiterbildung kann durch die Teilnahme an Fort- und Weiterbildungsveranstaltungen sowohl in formalen Kontexten wie auch in informellen Kontexten stattfinden (Hof, 2009). Im Lehrerberuf wird diese vorwiegend an organisierten Umgebungen angeboten, in denen Lerngelegenheiten durch Lehrpersonen didaktisch angeleitet und begleitet werden. In Österreich wird dabei zwischen Fortbildung und Weiterbildung unterschieden. Während bei der Fortbildung die Aktualisierung und Erweiterung der pädagogischen und fachlichen Kompetenzen im Mittelpunkt stehen, so richtet die Weiterbildung in der Regel den Blick auf den Erwerb zusätzlicher Qualifikationen (Rekus, 2004). Fortbildungen finden häufig in Form von Tageskursen, Seminaren oder Workshops statt, wogegen Weiterbildungen meist in Form von Lehrgängen abgehalten werden. Auch Formen des E-Learnings kommen immer mehr, vor allem als Teil von Lehrgängen, zum Einsatz.

5.1 Strukturelle Merkmale von Fort- und Weiterbildung

Kursbesuche oder der Besuch von Seminaren ist in Österreich nach wie vor die beliebteste Fortbildungsaktivität von Lehrpersonen (Müller, 2019a), dabei handelt es sich überwiegend um halb- oder eintägige Veranstaltungen. Diesen Tatbestand bezeichnet Müller unter Berufung auf Soukup-Altrichter & Andreitz (2018) als suboptimal, da mehrtägige Veranstaltungen wirkungsvoller seien.

Zu Fortbildungsbereitschaft von Lehrkräften wird von Hentig (Hentig, zitiert in Post, 2010) angeführt, dass es drei unterschiedliche Zugänge gibt, Lehrpersonen besuchen Fort- und Weiterbildungen, um die Fachkompetenz oder Methodenkompetenz zu verbessern, oder die Persönlichkeit weiter zu entwickeln. Ganz besonders steht allerdings die Weiterentwicklung der Persönlichkeit im Vordergrund, „Das wichtigste Curriculum des Lehrers ist seine Persönlichkeit".

Zehetmeier (2014) beruft sich auf Joyce & McKibbin (1982) und Brandell (2007) und führt vier unterschiedliche Typen von Lehrpersonen bezüglich deren Wahl von Fort- und Weiterbildungsveranstaltungen an:

- Omnivores: Lehrpersonen, welche auf der Suche nach Innovationen sind, dabei selbst auch initiativ werden und auch selbst Fortbildungen entwickeln und anbieten.
- Active Consumers: Lehrpersonen, welche (ähnlich wie Omnivores) in ihrer räumlichen Umgebung Fortbildungen suchen, dabei aber nicht selbst Angebote entwickeln.
- Passive Consumers: Lehrpersonen, welche nur Fortbildungen besuchen, wenn diese an sie herangetragen werden und mit ihrem Umfeld abgestimmt sind.
- Reticents: Lehrpersonen, die jegliche Fortbildungsinitiative ablehnen und nur sehr schwierig zur Teilnahme zu motivieren sind.

Lehrerfort- und Weiterbildung setzt an schon bestehenden Qualifikationen im Beruf an. Sie wird dennoch unterschieden in:

- Erhaltungsfort- und Weiterbildungen
- Erweiterungsfort- und Weiterbildungen
- Anpassungsfort- und Weiterbildungen
- Aufstiegsfort- und Weiterbildungen.

Bereits die Formulierungen zeigen, dass hier sowohl Mitarbeiter- als auch Organisationsinteressen angesprochen werden (Schanz, 2000). In der Erhaltungsfortbildung wird vorhandenes Wissen wiederholt, um Kontinuität zu gewährleisten. Die Erweiterungsfortbildung dient dazu, schon bestehende Qualifikationen durch neue Inhalte zu erweitern. Bei der Anpassungsfortbildung stehen technische Neuerungen als Ergänzung zu schon bestehenden Kenntnissen im Zentrum. Die Aufstiegsfortbildung dient dem Erwerb von zusätzlichen Qualifikationen, die einen beruflichen Aufstieg ermöglichen.

In der Literatur wird häufig nur zwischen Anpassungs- und Aufstiegsweiterbildung unterschieden. Anpassungsfortbildungen dienen der Erweiterung bzw. Aktualisierung beruflicher Kompetenzen und Aufstiegsfortbildungen der Verbesserung von Qualifikation für einen beruflichen Aufstieg (Dehnbostel, 2008).

Die hier genannten strukturellen Merkmale von Fort- und Weiterbildungen werden in der vorliegenden empirischen Befragung herangezogen, da all diese in der Literatur gut dokumentiert sind.

5.2 Wirkung von Lehrerfortbildung

Lehrerfort- und Weiterbildung ist ein großer ökonomischer Faktor für das gesamte Bildungsbudget in Österreich, daher ist es nur verständlich, dass sich zahlreiche Wissenschaftler/innen mit der Wirkung dieser auseinandersetzen. Stefan Zehetmeier von der Universität Klagenfurt hat 2014 seine Habilitation dazu verfasst, Frank Lipowsky (2014) widmet sich dem Thema im Handbuch der Forschung zum Lehrerberuf. Es sollen hier nur einige dieser Befunde angeführt werden.

Ein Blick in die Forschungsliteratur zeigt, dass Fort- und Weiterbildungsveranstaltungen für Lehrpersonen das Potential haben, sich auf die Motivation, das Wissen, das Lehrerhandeln und damit auf das Lernen von Schülerinnen und Schülern auszuwirken (Lipowsky, 2014). Lehrerfortbildung und Lehrerweiterbildung kann unmittelbare und langfristige Wirkungen haben. Unmittelbare Wirkungen, die während oder nach einer Veranstaltung auftreten, und langfristige, welche nach Abschluss der Fort- und Weiterbildung festzustellen sind, im Idealfall ergibt sich eine Kombination von unmittelbaren und langfristigen Wirkungen.

Im Kontext dieses Vorhabens geht es um Berufszufriedenheit, welche eher als langfristige Wirkung zu verstehen wäre.

Lipowsky (2014) erläutert, dass es zur Wirkung der Dauer von Fort- und Weiterbildungen keine empirisch abgesicherten Daten gibt, allerdings zeichnen sich Tendenzen ab. Er verweist aber darauf, dass, wenn Fort- und Weiterbildungen vermehrt vielfältige Lerngelegenheiten zur Verfügung stellen, und da sich bestehende Überzeugungen und Routinen von Lehrpersonen kaum kurzfristig verändern lassen, die Wirkung größer ist, was eventuell für eine längere Dauer von Fort- und Weiterbildungsveranstaltungen spricht. Lipowsky (2014) geht davon aus, dass sich das Lernen von Lehrpersonen im sozialen Austausch vollzieht, was ebenso für eine längere Dauer von Fort- und Weiterbildungsveranstaltungen spräche.

Bei Hattie (2013, S. 143) beträgt die Effektstärke von Fort- und Weiterbildungen $d = 0{,}62$[7], und liegt somit im Bereich der erwünschten Effekte. Dieser Effektwert wird vierfach ausdifferenziert in die Veränderung des Lernens von Lehrpersonen, auf das Verhalten von Lehrpersonen, auf Reaktionen von Lehrpersonen zu den jeweiligen Fort- und Weiterbildungen und auf das Lernverhalten von Lernenden.

Lehrpersonen bleiben nach ihrer Ausbildung über einen sehr langen Zeitraum berufstätig, weswegen Fort- und Weiterbildungsveranstaltungen eine beliebte Möglichkeit der Professionalisierung darstellen (Krainer & Posch, 2010). Lipowsky (2010) beschreibt Wirkungen von Lehrerfort- und Weiterbildung auf

---

[7] Die Effektstärke d zeigt in der Regel an, wie groß der Unterschied ist, den ein Faktor auf die Verteilung einer anderen Variablen auslöst. Hattie ordnete diese Einflüsse auf einer Skala von sehr positiven Effekten bis zu negativen Effekten für das Lernen in der Schule. Hattie stellte fest, dass der durchschnittliche Effekt aller Einflussgrößen, die er untersuchte, 0,40 beträgt.

vier Ebenen. Diese vier Ebenen finden sich auch bei John Hattie (2013, S. 143), der sich auf Wade (1985) bezieht:

Ebene eins beinhaltet die Reaktionen und Einschätzungen der an der Fort- oder Weiterbildungsveranstaltung teilnehmenden Lehrpersonen. Diese Ebene wird häufig für Evaluation und Forschungsarbeiten zur Wirksamkeit genutzt. Es geht um die Einschätzung der teilnehmenden Lehrpersonen, deren Akzeptanz des Themas sowie deren Zufriedenheit mit der Veranstaltung. Damit auf dieser Ebene Zufriedenheit entstehen kann, soll die Fort- oder Weiterbildungsveranstaltung einen Transfer in die schulische Praxis ermöglichen, die Gelegenheit bieten mit Kolleginnen und Kollegen in Austausch zu kommen und professionell durchgeführt werden.

Auf der zweiten Ebene geht es um die Erweiterung der Lehrerkognition, es werden hier also einerseits Überzeugungen und subjektive Theorien von Lehrpersonen untersucht und andererseits das pädagogisch-psychologische, diagnostische, fachliche und fachdidaktische Wissen dargestellt. Eine Wirkung auf die Berufszufriedenheit ist hier nicht klar festzustellen, dennoch darf nach Maslov angenommen werden, dass neues Wissen auf die Zufriedenheit wirkt. Beywl & Zierer merken an, dass große Effekte auf das Lernen eintreten, wenn Lehrende selbst zu Lernenden, zum Beispiel in Fort- und Weiterbildungsveranstaltungen, werden (2013, S. 27).

Die dritte Ebene untersucht Wirkungen auf das unterrichtspraktische Handeln von Lehrpersonen, das durch Fort- und Weiterbildungen ausgelöst wurde.

Und auf einer vierten Ebene werden Effekte auf Schülerinnen und Schüler dargestellt. Studien, dokumentiert von Frey & Jung, zeigen, dass es einen Zusammenhang zwischen Lehrerkompetenzen, die auch in Fort- und Weiterbildungen erworben wurden, und Schülerleistungen gibt. Die Wirkungskette Lehrerkompetenz – Lehrerleistung – Schülerkompetenz – Schülerleistung wurde wissenschaftlich bestätigt (2011, S. 2). Im Modell einer Wirkungskette in Anlehnung an COACTIV wird ein Zusammenhang zwischen Schülerergebnissen (Lernzuwächse, Motivation) und Lehrerergebnissen (berufliche Zufriedenheit) hergestellt (Kunter et al. 2011, S59).

Alle diese vier Ebenen können auf unterschiedliche Weise auf die Berufszufriedenheit wirken. J. Hattie (2013, S. 144) merkt unter Berufung auf Harrison (1980) an, dass Lehrerfort- und Weiterbildung eine effektive Maßnahme ist Arbeitsleistung und Zufriedenheit zu verbessern.

Zehetmeier konstatiert, dass zwei Arten von Wirkungen zu unterscheiden sind. Erstens führt er unmittelbare Wirkungen an, welche während der Initiative, also der Fort- und Weiterbildung, auftreten und zweitens langfristige Wirkungen, welche nach Abschluss dieser eintreten (Zehetmeier, 2019, S. 37). Berufszufriedenheit zum Beispiel ist als langfristige Wirkung zu verstehen.

Es wird im Folgenden der Versuch unternommen, Zusammenhänge von Wirkungsmodellen der Lehrerfort- und Weiterbildung mit den Parametern für

Berufszufriedenheit herzustellen und in Bezug zu setzen. Wie in Kapitel 4.3 von Maslow schon beschrieben, gibt es einen nachgewiesenen Zusammenhang zwischen dem Lernen von Menschen und deren Zufriedenheit. Hier sollen nun in weiterer Folge einzelne Wirkungsmodelle von Lehrerfort- und Weiterbildung in diese Überlegungen miteinbezogen werden, um einen möglichen Zusammenhang zu diskutieren.

5.3 Zwei ausgewählte Modelle zur Wirkung und zum Nutzen von Fort- und Weiterbildung

Hinter den Wirkungsmodellen von Lehrerfort- und Weiterbildung steht nach Zehetmeier die Hypothese, dass sich durch Lehrerfortbildung letztendlich Schülerleistungen verbessern (2014, S. 23). In einer Studie von Dicke, Marsh, Parker, Guo, Riley & Waldeyer (2019) belegen diese, dass die Berufszufriedenheit mit dem Arbeitsumfeld sowohl der Lehrpersonen als auch ihrer Schulleitungen hoch ist, wenn die Leistungen der Schüler hoch sind.

Es gibt zahlreiche Modelle zur Wirkung und zum Nutzen von Fort- und Weiterbildung für Lehrpersonen. Bevor allerdings zwei ausgewählte Modelle, ein Wirkungsmodell von Lipowsky (2010) und eine Übersicht der Dimensionen des Nutzens von Fort- und Weiterbildung von Gruber und Lenz (2016) angeführt werden, seien der Vollständigkeit halber noch einige andere hier erwähnt. Diese Aufstellung hat ihren Ursprung in der Habilitationsschrift von Stefan Zehetmeier, der auch darauf hinweist, dass es sich hier nur um eine Auswahl handelt (2014, S. 25–32):

- Das Concerns Based Adoption Model von Hall, Wallace und Dossett (1973)
- Die Modelle von Guskey (1985)
- Das Modell von Clarke (1988)
- Das Clarke-Peter-Modell (1993)
- Das IPD-Modell von Zehetmeier (2008)
- Forms of pedagogy von Grossman und McDonald (2008)
- Das transfer model of professional development von McDonald (2009)
- Die Komponenten von Schoenfeld (2011)
- Die Wirkungskette des DZLM[8] (2014)

Diese Modelle finden Erwähnung, da sie alle aus unterschiedlichen Sichtweisen die Wirkung von Lehrerfort- und Weiterbildung zu erklären versuchen.

---

8 Deutsches Zentrum für Lehrerbildung Mathematik

Die tatsächliche Wirkung von Lehrerfort- und Weiterbildung soll aber, wie schon beschrieben nicht der alleinige Gegenstand dieser Forschungsarbeit sein. Insbesondere soll der Zusammenhang zwischen Berufszufriedenheit und Lehrerfort- und Weiterbildung erkundet werden, darum werden diese Modelle hier auch nicht näher erläutert.

Da Zehetmeier zu dem Schluss kommt, dass bei der Charakterisierung von Wirkungen der Lehrerfort- und -weiterbildung der Vergleich mit der Analogie Henne-Ei naheliegt, reduziert sich die hier vorliegende Forschungsarbeit auf ein Aufdecken von Zusammenhängen, wobei im Fazit die Empfehlung gegeben wird, auch diese Wirkung in weiteren Untersuchungen zu erkunden.

Mit dem Rahmenmodell von Lipowsky in Abbildung 4 (nächste Seite) sei ein weiteres Wirkungsmodell von Lehrerfort- und -weiterbildung angeführt (2010, S. 62). Ein umfangreiches Variablenbündel wird in diesem Modell beschrieben, unter anderem auch die Zufriedenheit, allerdings beschränkt auf die Zufriedenheit der Lehrpersonen mit der jeweiligen Fort- und Weiterbildung. Das Modell ist in der Abbildung mit allen Variablen dargestellt.

Die vielfältigen Herangehensweisen und die Komplexität dieses Forschungsgebietes sollen damit lediglich aufgezeigt, allerdings nicht ausführlich besprochen werden, da dies nicht ursächlicher Forschungsgegenstand dieser Untersuchung ist. Es berücksichtigt Kontextbedingungen vor und nach der besuchten Fort- bzw. Weiterbildung. Ebenso werden Ziele von Fort- und Weiterbildungen, ein Transferprozess durch eine Anwendung des Gelernten im Unterricht, Voraussetzungen der Lehrperson und deren Erwartungen angeführt.

Lipowsky nimmt aus theoretischer Sicht an, dass besonders persönlichkeitsbezogene, motivationale und kognitive Voraussetzungen die Sichtweise und engagierte Nutzung von Fort- und Weiterbildungsangeboten dominieren und dadurch zu deren Wirksamkeit beitragen (Lipowsky, 2010, S. 65).

Explizit wird in diesem Modell ein Fortbildungserfolg ausgewiesen, der sich unter anderem als Beeinflussung des Schulerfolgs von Schülerinnen und Schülern in Form von Leistung, Motivation etc. äußert. Diese Beeinflussung des Lernzuwachses von Schülerinnen und Schülern wirkt, wie bereits mehrmals angeführt, auf die Berufszufriedenheit von Lehrpersonen.

In einer weiteren Übersicht (Abbildung 5, übernächste Seite) von Gruber und Lenz (2016, S. 68) werden die Dimensionen des Nutzens von Fort- und Weiterbildung dargestellt. Gruber und Lenz führen aus, dass eindimensionale Ziele von Fort- und Weiterbildung kurzsichtig sein können, weil umfassende Potenziale von Bildungs- und Lernprozessen bei Erwachsenen nicht immer das Zusammenwirken von individueller Entwicklung und gesellschaftlicher Entfaltung fördern. In diesem Nutzungsmodell wird der in der Einleitung besprochenen Veränderung Rechnung getragen und auch der individuelle Nutzen von Fort- und Weiterbildung angeführt. Ebenso werden auch Lebensführung und Gesundheit angeführt, die gemeinsam mit anderen Bereichen Berufszufriedenheit implizieren.

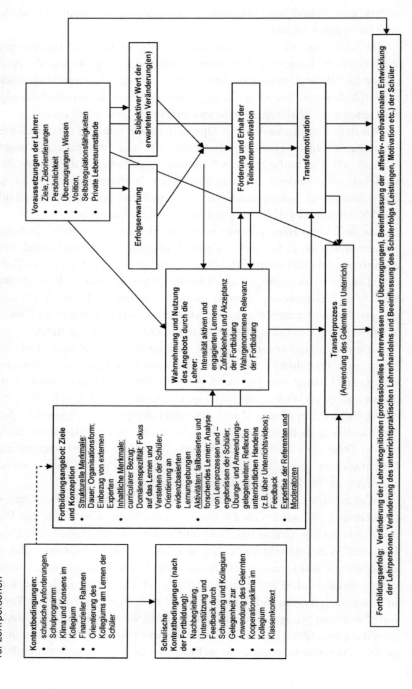

Abbildung 4: Erweitertes Angebots- und Nutzungsmodell zur Erklärung der Wirksamkeit von Fort- und Professionalisierungsmaßnahmen für Lehrpersonen

Abbildung 5: Vier Dimensionen des Nutzens von Weiterbildung (eigene Darstellung nach Gruber und Lenz 2016)

Gesellschaft	Individuum
• Politische Teilhabe und Mitgestaltung • Bewältigung neuer Anforderungen • Inklusion • Umweltbewusstsein • Migration und Zusammenleben	• Nachholen von Grundbildung und Bildungsabschlüssen • Qualifikation und Kompetenzentwicklung für sozialen Aufstieg • Wissen, neue Kontakte, Lebensführung und Gesundheit • Persönlichkeitsentfaltung und Werte
Sozialer Wandel	(Neue) Arbeitswelt
• Kommunikation und Sprachen • Soziale Verantwortung und Eigenverantwortung • Neuorientierung in einzelnen Lebensphasen • Intergenerationales Zusammenleben	• Wandel des Berufs- und Tätigkeitsfeldes • Wechsel von beruflichen Tätigkeiten • Arbeit und Lebensform im Alter • Übergänge, Neustart/Neubeginn • Internationalisierung

6. Lebenslanges Lernen und Entwicklungsmodelle von Lehrpersonen

Oberflächlich lässt sich die berufliche Entwicklung von Lehrerinnen und Lehrern relativ einfach beschreiben. Nach der Kindheit und schulischen Ausbildung erfolgt eine berufliche Ausbildung. Dieser folgt ein Berufseinstieg und die Übernahme von spezifischen Funktionen in der Schule. Mit dem Rückzug aus dem Berufsleben endet diese Entwicklung. Begleitet wird diese Laufbahn von unterschiedlichen Veränderungen und Herausforderungen, die unter anderem von Fort- und Weiterbildungen begleitet werden.

Die Ausbildung kann aufgrund der zahlreichen Veränderungen im Schulsystem und dem gesellschaftlichen Wandel (Beck, 2017), der in Schule auch sichtbar wird, eine erfolgreiche Berufslaufbahn nicht alleine gewährleisten.

Behr postuliert, dass keine Institution eine „fertige" Lehrperson zur Verfügung stellen kann und führt weiter aus, dass Lehrersein eine ständige Lern- und Entwicklungsaufgabe darstellt (2017, S. 25). Terhart (1990, S. 247) meint dazu, dass „Lehrer-Werden und Lehrer-Bleiben als ein lebenslanger Prozess" zu verstehen ist. Einer ersten Phase der Ausbildung an Universitäten oder Pädagogischen Hochschulen folgt der Berufseinstieg als zweite Phase und diesem eine ständige Fort- und Weiterbildung, die dritte Phase, die das gesamte Berufsleben als Lehrperson umfasst (Behr, 2017).

Die Ausbildung von Lehrpersonen ist demnach mit der Grundausbildung nicht abgeschlossen und wird in formellen und informellen Fort- und Weiterbildungen über die gesamte Berufsspanne fortgesetzt. Der Fort- und Weiterbildung kommt dabei die Aufgabe zu, diesen lebenslangen Lernprozess zu begleiten.

Bei Konzepten zum lebenslangen Lernen geht es darum, Veränderungen über die gesamte Berufs- oder Lebensspanne zu erfassen. Prominent sind dabei Phasen- oder Stufenmodelle, die sich an Lebensläufen orientieren. Für Lehrpersonen lassen sich in der Literatur unterschiedliche Entwicklungsmodelle finden, welche in weiterer Folge beschrieben werden.

6.1 „Crises and continuities" – ein Entwicklungsmodell von Sikes

Schönknecht (1997) erläutert, dass Sikes 1985 an Hand einer qualitativen Studie mittels Interviews ein Konzept der „crises and continuities" definiert. Dieses Konzept orientiert sich am Lebensalter von beginnenden Lehrpersonen. Es beschreibt einen ersten Abschnitt als „Initiationsphase". Andere Entwicklungsmodelle (siehe Kapitel 6.4) schreiben dem Berufseinstieg rund zwei Jahre zu, Sikes räumt diesem Abschnitt einen längeren Zeitraum ein.

Insbesondere in der ersten Phase geht es um die Bewältigung der Herausforderungen von alltäglichen Tätigkeiten. Beginnende Lehrpersonen empfinden das als sehr anstrengend und energieaufwendig. Sie sind auch dazu angehalten, sich mit den an den Schulstandorten herrschenden Bedingungen bekannt zu machen. Aufgrund der scheinbar plötzlich aufkommenden Anforderungen bezeichnet Sikes diesen Berufseinstieg als „Praxisschock", welcher nicht nur auf das berufliche Leben Einfluss hat, sondern auch Auswirkungen auf das Privatleben der beginnenden Lehrperson nach sich zieht. Eine Sozialisation innerhalb des Lehrerkollegiums stellt genauso wie ein Experimentieren und sich Versuchen in unterschiedlichen Didaktiken und Methoden des Unterrichtens eine bedeutsame Herausforderung während dieser „Initiationsphase" dar.

Übergange von einem Abschnitt zum nächsten bezeichnet Schönknecht in Anlehnung an Sikes als kritische Phasen („critical phases"). Diese kritischen Ereignisse („critical events") können durch Personen („critical persons") betreut, aber zum Beispiel auch durch entsprechende Fort- und Weiterbildungen hilfreich unterstützt werden (1997, S. 3).

Die Entwicklungsverläufe nach Sikes werden in folgender Übersicht zusammengefasst und dargestellt.

Tabelle 2: Entwicklungsmodell nach Sikes

21–28 Jahre Initiationsphase	Durchleben des Praxisschocks Erlernen der ungeschriebenen Regeln im Umgang mit Kolleginnen und Kollegen, Auseinandersetzung mit Erwartungen von Eltern und Schulgemeinde
28–33 Jahre Dreißiger-Übergang	Häufig Krise, letzte grundlegende Veränderungen (privat und beruflich) Motive: Festlegung und Sicherheit Unterschiede in männlicher und weiblicher Karriere (Familiengründung)
34–40 Jahre	Lehrer: Bemühungen um Karriere Lehrerinnen: Familienorientierung erste Enttäuschungen bei karriereorientierten Männern Interesse an Schulorganisation und -verwaltung
40–50/55 Jahre Plateau-Phase	Berufliche Erfahrung Verhältnis zu Schülerinnen und Schülern mütterlich/väterlich, manchmal Mentorenverhältnis zu jüngeren Lehrpersonen
50/55 Jahre und älter	Stärkere Gelassenheit im Beruf oder Zynismus und Verbitterung

In dieser Übersicht von Schönknecht (1997, S. 3) werden einige Gründe wie zum Beispiel Praxisschock oder Verbitterung angeführt, die eine hohe Berufszufriedenheit beeinträchtigen könnten.

6.2 Dreyfus & Dreyfus Modell der 5 Stufen

Dieses Modell differenziert die Entwicklung von Lehrpersonen in 5 Stufen. Diese 5 Stufen beschreiben eine Kompetenzentwicklung und gliedern sich in die erste Stufe des Novizen, die zweite Stufe wird schlicht mit Fortgeschrittener bezeichnet, die dritte als Kompetenzstadium, die vierte wird mit Könner beschrieben, bevor man auf einer fünften Stufe zur Expertin/zum Experten wird. Im schrittweisen Übergang von der Anfängerin/vom Anfänger (Novizin/Novizen) zur Expertin/zum Experten wird das individuelle Denken nach Dreyfus und Dreyfus (1986) neu ausgerichtet. Dies beschreibt den Weg vom „Know-that" zum „Know-how" auf der Grundlage der Erfahrung. Das zuvor in der Ausbildung generierte Wissen wird nicht nur neu strukturiert, sondern auch neu organisiert (S. 41).

Während des Novizenstadiums kommt die beginnende Lehrperson zu ersten realistischen Erfahrungen, die die bisher in schulpraktischen Lehrveranstaltungen während der Ausbildung erworbenen ergänzen. Eine Grundlage dieses Modells bildet nach Neuweg die Fähigkeit mit unstrukturierten Problembereichen und Situationen umzugehen, deren Charakteristik das Fehlen von klar definierbaren Fakten und Faktoren ist (1999).

Bei diesem Modell ist allerdings anzumerken, dass diese Einteilung in Stufen etwas willkürlich und nicht klar abgrenzbar erscheint.

Relevant für die hier durchgeführte Untersuchung ist, dass damit aufgezeigt wird, dass sich Lehrpersonen über ihre berufliche Lebensspanne hinweg entwickeln und dabei unterschiedliche Anforderungen haben, die eventuell auch durch den Besuch von entsprechenden Fort- und Weiterbildungen begleitet und abgedeckt werden.

6.3 Stufenmodell nach Fuller & Brown

Ein weiteres Entwicklungsmodell für Lehrpersonen ist das Stufenmodell von Fuller und Brown.

Der Bewältigung von neuen Aufgaben und Herausforderungen, mit denen ein Berufseinstieg einhergeht, wird in der Literatur viel Aufmerksamkeit geschenkt. Schon 1975 erarbeiten Fuller und Brown basierend auf deren Forschungsergebnissen ein Modell, welches drei Stufen in der Entwicklung von Lehrpersonen beschreibt (Messner & Reusser, 2000, S. 159). Dazu untersuchten

Fuller und Brown 300 Pädagoginnen und Pädagogen, die zu ihrer beruflichen Laufbahn befragt wurden (Hericks, 2006).

Abbildung 6: Stufenmodell von Fuller & Brown (eigene Darstellung)

Erste Stufe „survival stage"	Zweite Stufe „mastery stage"	Dritte Stufe „routine stage"
Die Lehrperson ist damit beschäftigt, den Alltag zu bewältigen und im Klassenzimmer ‚zu überleben'. Sie ist sich gewissermaßen selbst noch das größte Problem.	Die Lehrperson bemüht sich um Beherrschung/Gestaltung der Unterrichtssituation. Langsam erfolgt eine Ablösung vom Ich-Bezug zum Situationsbezug, vom bloßen Überleben zur routinierten Unterrichtsgestaltung.	Die Lehrperson bemüht sich um die Ausübung erzieherischer Verantwortung. Schülerinnen und Schüler und deren individuelle Interessen und Nöte stehen im Zentrum. Übergänge auf eine individualpädagogische Perspektive.

In dem in Abbildung 6 angeführten Modell (Messner & Reusser, 2000, S. 160) werden drei Stufen dargestellt. Hauptsächliche Ziele bzw. Sorgen („concerns") einer Lehrperson werden in der jeweiligen Stufe beschrieben.

Auf der ersten Stufe der „survival stage" liegt die Priorität bei der Bewältigung persönlicher Herausforderungen. Dieser Abschnitt ist bestimmt durch Gewöhnung an berufliche Praktiken und eine beginnende Professionalisierung pädagogischen Handelns.

In der „Mastery stage" liegt die Präferenz auf der Stabilisierung. Lehrpersonen fühlen sich sicherer und können die bisher dominierende „Ich-Referenz" ablegen. Diese Stufe ist durch die bisher gesammelte Erfahrung Grundlage dafür, einen routinierteren Umgang mit Unterrichtssituationen zu haben.

Als letzte Stufe beschreibt die „Routine stage", jene Phase, wo die Aufmerksamkeit der Lehrperson selbst auf individuelle Bedürfnisse von Schülerinnen und Schülern fällt. Auf dieser Stufe hängen erzieherische Fähigkeiten und eine routinierte Ausführung eines Bildungsauftrags eng zusammen (Hericks, 2006, S. 41 f.).

Nach diesem Modell wird Professionalität durch einen andauernden Prozess erworben, den Schönknecht damit ergänzend beschreibt, dass „bis zur Zielvorstellung professionell handelnder Lehrpersonen, die die Unterrichtstätigkeit und erziehliche Verantwortung gleichermaßen ernst nehmen und professionell ausüben, ein langer beruflicher und persönlicher Entwicklungsprozess nötig ist" (1997, S. 14).

6.4 Das Phasenmodell von Huberman

Anhand der Biografien von 160 Sekundarstufenlehrpersonen aus der Schweiz entwirft Huberman (1991) ein Phasenmodell zur beruflichen Entwicklung von Lehrpersonen, welches für unterschiedliche Karrierewege offen ist. Die Besonderheit des Modells von Huberman im Gegensatz zu den bisher erwähnten anderen Modellen ist, dass er sich auf das Dienstalter bezieht und nicht bloß auf das Lebensalter. Eine weitere Besonderheit in Hubermans Modell besteht darin, dass es ein empirisch belegtes Modell darstellt. Sowohl qualitative als auch quantitative Methoden kamen bei der Entstehung zum Einsatz.

Abbildung 7 gibt einen schematischen Überblick zu diesem Modell (Huberman, 1991, S. 249).

Abbildung 7: Hubermans Phasenmodell

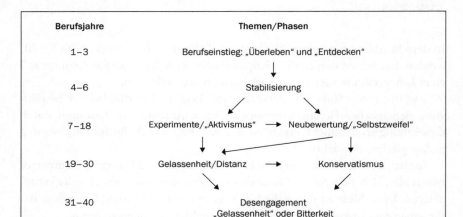

Deutlich sichtbar werden in dieser Abbildung die unterschiedlichen Karriereverläufe, die sich ab dem siebenten Dienstjahr ergeben können, wobei darauf hingewiesen wird, dass zum Beispiel ein Weg von Experimente/„Aktivismus" auch zu Neubewertung/„Selbstzweifel" führen kann, beziehungsweise auch von Neubewertung/„Selbstzweifel" zu Gelassenheit/Distanz und von dort wiederum zu Konservatismus.

Aus karrierebiographischer Sicht wird der Berufseinstieg als eine entscheidende und besonders wichtige Phase angesehen. Aus diesem Grund ist die erste Phase nach Huberman von ‚Überleben' und ‚Entdeckung' geprägt. Ziel ist es, den ersten praktischen Schock zu bewältigen und mit der neuen Rolle umgehen zu lernen. Huberman unterscheidet zwei mögliche Kategorien beim Berufseinstieg, den „guten" und den „schwierigen" Beginn (Terhart, 1991).

In der zweiten Phase kommt es nach rund drei Dienstjahren zu einer Stabilisierung. Anfängliche Herausforderungen sind überwunden und das zum Unterrichten Nötige wurde gefestigt. Eine Identifikation mit der Tätigkeit als Lehrperson findet ebenso statt. Neue Erfahrungen entstehen und verschaffen mehr Freiheiten, zusätzlich nimmt eine Kontrolle durch Vorgesetzte ab. Als problematisch kann in diesem Abschnitt gesehen werden, dass eine Form der „Langeweile" und der Sorge einer „lebenslangen Beamtenlaufbahn" auftreten kann (Messner & Reusser, 2000; Terhart, 1991).

In der dritten Phase kann die Entwicklung unterschiedlich verlaufen. Eine Entwicklung in Abhängigkeit sowohl von situativen Bedingungen als auch von der jeweiligen Persönlichkeit findet statt. Dieser Abschnitt macht eine Neubewertung nötig und es erfolgt eine Neuorientierung des Berufs. In diesem Abschnitt kann den Bedingungen am Arbeitsplatz und den privaten Lebensumständen folgend eine Neustrukturierung des bisherigen Unterrichtskonzepts erfolgen. Ein Wunsch, in der hierarchischen Struktur der Schule als Institution aufzusteigen, kann nun auch entstehen (Terhart,1991, S. 256).

In der vierten Phase entsteht dann je nach Verlauf der dritten Phase entweder distanzierte Gelassenheit, mit welcher ein Engagement für die Weiterentwicklung der jeweiligen Schule verbunden ist, oder ein Konservativismus, der zum Schluss kommen lässt, man kann ja ohnehin nichts machen (Messner & Reusser, 2000).

6.5 Resümee zu den Phasen- und Entwicklungsmodellen im Kontext Fort- und Weiterbildung

Phasenmodelle über die gesamte Berufslaufbahn bieten für eine zielgerichtete Fort- und Weiterbildung von Lehrpersonen eine erste wichtige Orientierungshilfe. Je nach Entwicklungsmodell werden äußere oder innere Einflussfaktoren für die weitere berufliche Entwicklung ins Auge gefasst. Besonders hervorzuheben ist ihr heuristischer Wert zur Beschreibung von Entwicklungsverläufen (Herzog & Munz, 2010, S. 76). Herzog und Munz führen weiter aus, dass erkennbar wird, dass sich Lehrpersonen in ihrem Berufsleben bezüglich ihrer Einstellung, ihrer Kompetenzen und ihres Selbstvertrauens verändern. Daraus kann gefolgert werden, dass sich Fort- und Weiterbildung demnach auf unterschiedliche Alterskohorten einstellen sollte.

Nicht vergessen werden darf, dass diese hier angeführten Entwicklungsmodelle auf einer schmalen Datenbasis gründen (Terhart, 1994, S. 41).

Als Gefahr nennen Herzog und Munz, dass es auch sein kann, dass individuelle Karriereverläufe nicht mit diesen Modellen übereinstimmen. Daher wäre von einer zu normativen Verwendung dieser Entwicklungsmodelle abzuraten und eine Planung von Fort- und Weiterbildung anhand von Zulassungsbedingungen oder inhaltlichen Ausrichtungen auf Altersgruppen nicht zielführend.

Lehrpersonen, die an Weiterbildungsveranstaltungen teilnehmen, haben unterschiedliche Erfahrungen und Ausgangspositionen. Einerseits beeinflussen das Alter der Lehrpersonen und ihr Arbeitsleben ihre Entscheidung für oder gegen die Teilnahme an einer Fort- und Weiterbildung. Junge Lehrpersonen zum Beispiel erwarten tendenziell positivere Auswirkungen auf ihre Karriere als ältere Lehrpersonen (Brady et al., 2009). Auf der anderen Seite besteht aber ein Zusammenhang zwischen dem Verhalten, die Erwartungen und Anforderungen von Lehrpersonen während der Fort- und Weiterbildung mit ihrer kognitiven Entwicklung (Oja, 1989). Diese kognitiven Entwicklungsprozesse sind jedoch unabhängig vom Alter der Lehrperson (Peter, 1996).

6.6 Modellwahl für das Forschungsvorhaben

Die angeführten Entwicklungsmodelle zeigen zahlreiche Möglichkeiten zur Teilnahme an Fort- und Weiterbildungen auf. Sowohl Huberman als auch Fuller und Brown beschreiben den Beginn des beruflichen Lebens einer Lehrperson als einen Entwicklungsprozess und nicht als einen bloßen Anpassungsprozess.

Fuller und Brown stützten sich bei ihren Untersuchungen auf das Lebensalter der an ihrer Studie teilnehmenden Lehrpersonen und ordneten sie dementsprechend einer Stufe im Modell zu. Huberman hingegen berücksichtigte das Dienstalter bei der Einteilung seiner Entwicklungsabschnitte und ließ das Lebensalter außer Acht.

Für die vorliegende Forschungsarbeit wurde nach einem Modell gesucht, dass das Dienstalter miteinbezieht. Im Kontext des lebenslangen Lernens soll die Zufriedenheit durch Fort- und Weiterbildung über die gesamte Berufsdauer erkundet werden und daher wird für die in Kapitel 8 und Kapitel 9 angeführte empirische Untersuchung nach der Dienstalterseinteilung im Phasenmodell von Huberman vorgegangen. Dieses wird im deutschen Sprachraum besonders häufig rezipiert (Herzog & Munz, 2010) und daher auch für diese Untersuchung herangezogen.

6.7 Dienstalter und Berufszufriedenheit

Ein Zusammenhang zwischen Dienstalter und Berufszufriedenheit scheint relativ eindeutig nachgewiesen zu sein (Ammann, 2004, S. 205). Diese Verbindung wird oft als langsamer, linearer und dennoch stetiger Prozess beschrieben. Elbing und Dietrich stellen fest, dass ältere Lehrpersonen mit ihren Gehältern und Aufstiegsmöglichkeiten sowie mit ihren Arbeitsbedingungen und der Bewertung durch die Vorgesetzten zufriedener sind als jüngere Lehrpersonen. Darüber hinaus fehlt es jüngeren Lehrpersonen an Berufserfahrung und Routine, was sich auf die Zufriedenheit auswirkt (Elbing & Dietrich, 1984, S. 117).

„Die Ansprüche an die eigene Berufstätigkeit nehmen mit zunehmender Dienstzeit eher ab, umgekehrt führen die idealistischen Erwartungen junger Lehrer/innen schneller zu Enttäuschung und Unzufriedenheit. Ältere Lehrer/innen sind gelassener gegenüber den beruflichen Anforderungen und sicherer in ihrer Selbsteinschätzung. Die Belastungen in der außerberuflichen Umwelt lassen in der Regel mit zunehmendem Alter nach, so dass auch der Beruf relativ weniger belastend wirkt." (Terhart, 1991, S. 414).

Die Zunahme der Arbeitszufriedenheit mit zunehmendem Alter ist daher vor allem auf den hohen Erfahrungsschatz, die Überwindung der Theorie-Praxis-Lücke, eine höhere Ruhe und verbesserte Arbeitsbedingungen zurückzuführen.
Aber es gibt auch andere empirische Befunde.

„Wo einzelne Studien dennoch einen Einbruch zur Berufsmitte erkennen (U-förmiger Verlauf), wird dieser als abflachende Berufsbegeisterung interpretiert, während der erneute Anstieg auf Anpassungsprozesse zurückzuführen ist." (Ammann, 2004, S. 87).

Morbitzer kommt in seiner Dissertation über die Berufszufriedenheit von steirischen Berufsschullehrpersonen (2009, S. 155) zu einem divergierenden Ergebnis. Er stellt fest, dass die Berufszufriedenheit mit höherem Dienstalter zwar noch immer relativ hoch ist, dennoch nimmt diese in seiner Untersuchung mit steigendem Dienstalter ab. Auch Ipfling kommt bei einer 1995 durchgeführten Untersuchung in der Schweiz zum Ergebnis, dass die Berufszufriedenheit mit zunehmendem Alter abnimmt (S. 72).

Insgesamt lässt sich sagen, dass in noch jüngeren Arbeiten ein leichter Rückgang der Zufriedenheit mit zunehmendem Dienstalter zu beobachten ist. Es stellt sich die Frage, ob soziale Veränderungen dafür verantwortlich gemacht werden können (Ammann, 2004, 80 f.).

In der Literatur ist zum Großteil der eingangs erwähnte Zusammenhang festzustellen: Berufszufriedenheit nimmt mit dem Dienstalter zu. Es gibt alternierend Untersuchungen, die einen U-förmigen Verlauf zeigen und auch welche, die einen gegensätzlichen Zusammenhang erkundet haben.

7. Forschungslücke

Nach dem theoretischen Teil der Arbeit werden in diesem Kapitel die Ergebnisse zusammengefasst und die Forschungslücke aufgezeigt.

In Kapitel 3 wurden bisher ausgewählte Untersuchungen zur Berufszufriedenheit angeführt.

Ob auch Fort- und Weiterbildung in einem Zusammenhang mit Berufszufriedenheit steht, wurde bisher in keiner dem Autor vorliegenden Studie erkundet. Dies wurde in Kapitel 4 ausführlich dargestellt.

Die Wirkung von Fort- und Weiterbildung auf die Kompetenzen von Lehrpersonen sowie daraus resultierenden Wirkungen auf deren Schülerinnen und Schüler wurden in mehreren Studien hinlänglich untersucht, diese Studien zeigen aber keinen eindeutigen Befund. Fest steht allerdings, dass sich, wie in Kapitel 5 angeführt, Fort- und Weiterbildung sowohl auf die Kompetenzen von Lehrpersonen als auch auf deren Schülerinnen und Schüler positiv auswirken kann.

Die in Kapitel 5 angeführte BELL-Studie untersuchte Wirkungen der Erwachsenenbildung und kam zur Erkenntnis, dass Erwachsenenbildung gesünder, glücklicher und selbstbewusster macht. Dies wird allerdings begründet durch einen mit Fort- und Weiterbildung im Zusammenhang stehenden beruflichen Aufstieg oder finanziellen Anreizen. Diese beiden Faktoren treffen allerdings in der Lehrerschaft sehr häufig nicht zu, da einerseits die Besoldung mit dem jeweiligen Dienstalter zusammenhängt und es zweitens an beruflichen Aufstiegsmöglichkeiten fehlt. Ob der Besuch von Fort- und Weiterbildungen aber auf die Berufszufriedenheit wirkt, soll in dieser Forschungsarbeit untersucht werden.

Im Nationalen Bildungsbericht Österreich 2018 führen F. Müller und andere (2019, S. 128) unter Berufung auf Zehetmeier (2015), Mayr (2007) und Andreitz (2017) an, dass sich für Österreich wenig Befunde finden lassen. Ebenso wird in diesem Bericht bestätigt, dass im Projekt TALK Effekte auf die Lehrermotivation, auf das selbstregulierte Lernen, auf soziale und kognitive Kompetenzen (Finsterwald, 2013) und auf die Selbstregulationsfähigkeit der Schülerinnen und Schüler (Lüftenegger, 2016) nachgewiesen werden konnten.

In Kapitel 6 wird versucht den Forschungsstand über Dienstalter und Berufszufriedenheit zu umreißen und hält trotz unterschiedlicher Ergebnisse an der Hypothese fest, dass Berufszufriedenheit mit dem Dienstalter zunimmt.

8. Methodisches Vorgehen

In den folgenden Abschnitten der vorliegenden Arbeit werden das Forschungsdesign, der Fragebogen, dessen Auswertungen und die Ergebnisse dokumentiert.

Einführung zur empirischen Vorgehensweise:
Diekmanns (2014, S 192) Überlegungen bilden die Grundlage der Vorgehensweise dieser Untersuchung und sollen hier kurz zusammengefasst dargestellt werden:

1) Präzisierung und Formulierung des Forschungsproblems
    a. Fragestellungen und Hypothesen formulieren
    b. Die Grundlage bildet wissenschaftliche Literatur
    c. Zusätzliche Überlegungen bei der Erarbeitung des Themas
2) Planung und Vorbereitung der Erhebung
    a. Überlegungen zur Stichprobenziehung
    b. Technische und organisatorische Überlegungen zur Erhebung
    c. Fragebogenerstellung
    d. Operationalisierung
3) Definition und Umfang der Stichprobe
4) Pre-Test-Durchführung des Fragebogens
5) Datenerhebung
6) Datenauswertung, Fehlerbereinigung
7) Statistische Datenanalyse
    a. Deskriptive Darstellung der Daten
    b. Bildung von Itemanalysen, Skalenwerten
    c. Univariate Statistik
    d. Zusammenhangsanalysen
8) Berichterstattung
    a. Forschungsbericht mit Beantwortung der Forschungsfragen
    b. Zusammenfassung, Ausblick

Nach diesem Schema wurde in dieser Forschungsarbeit vorgegangen. Zusätzliche Unterlagen wie der exakte Fragebogen und statistische Auswertungen stehen online (www.beltz.de) auf der Seite des Buches zur Verfügung.

8.1 Forschungsfragen

Die Forschungsfrage wurde schon in Kapitel 1.2 angeführt und erläutert, darüber hinaus wurden in den Kapiteln 2 bis 6 deren Begrifflichkeiten diskutiert, sie lautet:

Wie hängen die Berufszufriedenheit und das Dienstalter von Lehrpersonen der niederösterreichischen Volksschule mit der Teilnahme an Fort- und Weiterbildungsveranstaltungen zusammen?

Aus der zentralen Forschungsfrage wurden Unterfragen abgeleitet:

1. Wie hängen Dienstalter und Berufszufriedenheit von Lehrpersonen in niederösterreichischen Volksschulen zusammen?
2. Wie hängt die Anzahl der Unterrichtseinheiten von besuchten Fort- und Weiterbildungen zusammen mit der Berufszufriedenheit von Lehrpersonen in niederösterreichischen Volksschulen?
3. Wie hängt die Neigung zu bestimmten Dauern und Organisationsformen von Fort- und Weiterbildungsveranstaltungen mit der Berufszufriedenheit von Lehrpersonen in der niederösterreichischen Volksschule zusammen?
4. Wie hängt der Inhalt von besuchten Fort- und Weiterbildungsveranstaltungen zusammen mit der Berufszufriedenheit von Lehrpersonen in der niederösterreichischen Volksschule?
5. Wie hängt die Art von besuchten Fort- und Weiterbildungsveranstaltungen zusammen mit der Berufszufriedenheit von Lehrpersonen in der niederösterreichischen Volksschule?
6. Wie hängt das Interesse an Fort- und Weiterbildungsveranstaltungen zusammen mit der Berufszufriedenheit von Lehrpersonen in der niederösterreichischen Volksschule?
7. Wie hängt der Wunsch nach alternativen Formen von Fort- und Weiterbildungsveranstaltungen mit der Berufszufriedenheit von Lehrpersonen der niederösterreichischen Volksschule zusammen?
8. Wie hängt die Anzahl der besuchten Unterrichtseinheiten von Fort- und Weiterbildungen mit dem Dienstalter von Lehrpersonen in der niederösterreichischen Volksschule zusammen?
9. Wie hängt die Neigung zu bestimmten Dauern und zeitlichen Organisationsformen von Fort- und Weiterbildungsveranstaltungen mit dem Dienstalter von Lehrpersonen in der niederösterreichischen Volksschule zusammen?
10. Wie hängt der Inhalt von besuchten Fort- und Weiterbildungsveranstaltungen mit dem Dienstalter von Lehrpersonen in der niederösterreichischen Volksschule zusammen?

11. Wie hängt die Art von besuchten Fort- und Weiterbildungsveranstaltungen zusammen mit dem Dienstalter von Lehrpersonen in der niederösterreichischen Volksschule?
12. Wie hängt das Interesse an Fort- und Weiterbildungsveranstaltungen mit dem Dienstalter von Lehrpersonen in der niederösterreichischen Volksschule zusammen?
13. Wie hängt der Wunsch nach alternativen Formen von Fort- und Weiterbildungsveranstaltungen mit dem Dienstalter von Lehrpersonen der niederösterreichischen Volksschule zusammen?
14. Welche alternativen Formen von Fort- und Weiterbildungen würden Volksschullehrpersonen gerne vermehrt in Anspruch nehmen?

Die explizite Beantwortung dieser Fragen erfolgt in den Kapiteln 9.4 bis 9.8.

8.2 Fragebogen und Fragebogenskalen

Eine Fragebogenerhebung ist ein Instrument der quantitativen Datenerhebung (Kromrey, 2009, S. 237). Die quantitative Datenerhebung mittels Fragebogen wurde gewählt, um möglichst viele Lehrpersonen aus niederösterreichischen Volksschulen zu erreichen. Der Inhalt des Fragebogens wird in diesem Abschnitt beschrieben, ebenso findet er sich im Anhang.

Der Fragebogen wurde aus Überlegungen, die im theoretischen Teil dieser Arbeit in den Kapiteln 2 bis 7 angeführt sind, hergeleitet. Die abhängige Variable zur Messung der Berufszufriedenheit wurde im Kapitel 3.3 erläutert.

Er setzt sich zusammen aus 18 Fragen, die sich im Wesentlichen auf drei Blöcke aufteilen. Der erste Block erhebt demografische Daten, der zweite besteht aus Items zur Berufszufriedenheit und der dritte Block aus Fragen zur Fort- und Weiterbildung.

Eingeleitet wurde mit dem Text, der in Abbildung 8 ersichtlich ist:

Abbildung 8: Einleitungstext der Befragung

Willkommen zur Umfrage: Lebenslanges Lernen von Lehrpersonen

Aktuell verändert sich Schule und deren Umfeld sehr rasch. Lehrerinnen und Lehrer stellen sich diesen großen Herausforderungen und entwickeln sich weiter durch ein Learning on the Job und durch Fort- und Weiterbildung. Diese Befragung richtet sich an Lehrerinnen und Lehrer und deren Nutzung von Fort- und Weiterbildungsangeboten.
Die Befragung läuft von 28. 11. 2018 bis 20. 12. 2018 und dauert ca. 10–15 Minuten. Ihre Angaben werden vertraulich behandelt und anonym ausgewertet.
Vielen Dank für Ihr Interesse und Ihre Teilnahme!

Johannes Dammerer

Die Teilnehmer/innen wurden damit auf das Thema der Befragung vorbereitet. Ebenso wurde auf Vorgaben der Datenschutzgrundverordnung hingewiesen und auf die Genehmigung dieser Befragung durch den Landesschulrat für Niederösterreich[9].

Der erste Fragenblock A erhebt soziodemografische Daten der Teilnehmer/innen mit folgenden Items (vgl. Anhang):

A1. Schulart
A2. Geschlecht
A3. Lebensform
A4. Alter
A5. Dienstalter
A6. Anstellung

Auch wenn sich die Befragung an Lehrpersonen aus der Volksschule[10] richtet, so wurde hier bei Frage A1 kontrollierend erhoben, ob auch tatsächlich alle Teilnehmer/innen in der Volksschule tätig sind. Nur diese wurden in die Berechnungen und Auswertungen miteinbezogen. Das Geschlecht und das Dienstalter wurden erhoben, um festzustellen, ob es sich um eine repräsentative Erhebung handelt. Die Frage zum Dienstalter steht in Bezug zum lebenslangen Lernen. Frage A3 und Frage A6 wurden gestellt, um eventuelle weitere Umstände miteinbeziehen zu können.

Die zentralen Items der durchgeführten Untersuchung betreffen den Frageblock B, dieser erhebt die Berufszufriedenheit als abhängige Variable, aus der ein Mittelwert gebildet wird. Die Skala wurde in Kapitel 3.2 erläutert.

B1. Ich bin mit meiner Arbeit zufrieden.
B2. Ich habe das Gefühl, dass ich mit der Belastung des Lehrerberufs nicht fertig werde (umgepolt).
B3. Wenn ich mein Leben neu planen könnte, würde ich wieder Lehrerin bzw. Lehrer werden.
B4. Meine Arbeit macht mir nur wenig Spaß (umgepolt).
B5. Freizeit und Hobbies geben mir mehr Befriedigung als Schule und Beruf (umgepolt).
B6. Ich fühle mich durch die Belastungen des Lehrerberufs überfordert (umgepolt).

---

9 Der Landesschulrat für Niederösterreich wurde 2019 neu organisiert. Die aktuelle Bezeichnung für diese Institution, die diese Funktion übernommen hat, lautet Bildungsdirektion für Niederösterreich.
10 Primarstufe: Schüler/innen der ersten bis zur vierten Schulstufe.

Bei all diesen sechs Items gab es als Antwortmöglichkeiten *stimme völlig zu, stimme eher zu, stimme weniger zu und stimme nicht zu*. Für die Auswertung wurden die Items B2, B4, B5 und B6 umgepolt. Ein Mittelwert aus diesen sechs Items wurde gebildet der die Berufszufriedenheit beschreibt.

Im dritten, umfangreichen Frageblock C wurde die Fort- und Weiterbildungstätigkeit von Lehrpersonen erhoben. C1 erhebt die Organisationform der jeweiligen Fort- und Weiterbildung.

C1. Wählen Sie in Ihrer aktuellen beruflichen Situation bevorzugt...

- *... eintägige Fortbildungsveranstaltungen.*
- *... mehrtägige Veranstaltungsreihen.*
- *... Lehrgänge im Zeitrahmen von 1–2 Semester.*
- *... Lehrgänge, die länger dauern als 2 Semester.*
- *... Online Fortbildungen.*
- *... Sonstige.*

Die Antwortmöglichkeiten waren *stimmt völlig, stimmt eher, stimmt weniger, stimmt gar nicht*.

Fragestellung C2 betrifft die Häufigkeiten der Teilnahmen an Fort- und Weiterbildungsveranstaltungen, gemessen an Unterrichtseinheiten.

C2. An wie vielen Fort- und Weiterbildungen nehmen Sie pro Schuljahr im Durchschnitt teil? (Angabe in Unterrichtseinheiten zu je 45 Minuten)
Auswahl der Antwortmöglichkeiten:

- *0 Unterrichtseinheiten*
- *1–15 Unterrichtseinheiten*
- *16–30 Unterrichtseinheiten*
- *31–60 Unterrichtseinheiten*
- *mehr als 61 Unterrichtseinheiten*

Bei den Fragen C3 und C4 wird die Art der besuchten Fort- und Weiterbildungsveranstaltung erhoben.

C3. Sie wählen Ihre Fort- und Weiterbildungen um vorwiegend ...

- *... Ihre Fachkompetenz zu verbessern (Fachwissenschaftliche Angebote).*
- *... Ihre Persönlichkeit weiter zu entwickeln (Angebote zu Supervision, Austausch, Netzwerken, …).*
- *... Ihre Methodenkompetenz zu erweitern (Fachdidaktische Angebote).*

C4. In Ihrer derzeitigen beruflichen Situation wählen Sie vorwiegend...

- ... *Erhaltungsfort- und Weiterbildungen (z. B. Persönlichkeitsbildung, Supervision, Professionalisierung, ...).*
- ... *Anpassungsfort- und Weiterbildungen (z. B. Kompetenzorientierung, Bildungsstandards, SQA, ...).*
- ... *Erweiterungsfort- und Weiterbildungen (z. B. Lese-/Rechtschreibschwäche, Montessori-Ausbildung, Gutachtenerstellung, ...).*
- ... *Aufstiegsfort- und Weiterbildungen (z. B. Schulmanagement, Administration, Beratung, ...).*

Die Antwortmöglichkeiten für C3 und C4 waren *stimme völlig zu, stimme eher zu, stimme weniger zu, stimme nicht zu.*

Bei Frage C5 wurde die Bereitschaft an Fort- und Weiterbildungsveranstaltungen teilzunehmen erhoben.

C5. Welche Aussagen treffen für Sie zu?
Ich bin immer auf der Suche nach neuen und innovativen Fort- und Weiterbildungsmöglichkeiten.

- *Ich nehme vorwiegend an Fort- und Weiterbildungen in meiner Umgebung teil.*
- *Ich nehme vorwiegend an Fort- und Weiterbildungen teil, wenn Kollegen oder Kolleginnen auch mitkommen.*
- *Ich nehme nur an Fort- und Weiterbildungen teil, wenn ich muss.*
- *Ich nehme nur an Fort- und Weiterbildungen teil, wenn mir meine Vorgesetzten dies vorschreiben.*
- *Ich nehme an keinen Fort- und Weiterbildungen teil.*
- *Ich plane und halte gerne selber Fortbildungen.*

Die Antwortmöglichkeiten für C5 waren *stimme völlig zu, stimme eher zu, stimme weniger zu, stimme nicht zu.*

Abschließend wurde mit Frage C6 nach alternativen Formen von Fort- und Weiterbildungsveranstaltungen gefragt. Diese Fragestellung war als Ausblick gedacht.

C6. Alternative Formen der Fort- und Weiterbildung: Welche der folgenden Möglichkeiten würden Sie gerne vermehrt in Anspruch nehmen?

- *Mentoring*
- *Reflexionsmöglichkeiten*
- *Selbstorganisiert*

- *Onlineangebote*
- *Professional Learning Communities*
- *Sonstige*

Die Antwortmöglichkeiten für C6 waren wiederum *stimme völlig zu, stimme eher zu, stimme weniger zu, stimme nicht zu.*
Abschließend folgte eine Danksagung für die Bereitschaft an der Erhebung teilzunehmen.

8.3 Ansuchen bei der Bildungsdirektion Niederösterreich

Im Juni 2018 wurde an die Bildungsdirektion Niederösterreich, damals noch Landesschulrat für Niederösterreich, ein Ansuchen um Genehmigung dieses Forschungsanliegens eingereicht. Diese ist in Niederösterreich zwingend einzuholen. Dem Forschungsantrag lagen das Exposé, der Fragebogen und die Studienvereinbarung mit der Alpen-Adria-Universität Klagenfurt bei. Außerdem war die Unterstützung der Bildungsdirektion für Niederösterreich nötig, um alle Volksschullehrpersonen für die Befragung zu erreichen. Die Bestätigung zur Durchführung mit dem Hinweis auf Einhaltung der DSGVO[11] wurde im Oktober 2018 erteilt.

8.4 Durchführung Pretest

Eine überlegte Fragenbogenkonstruktion ist häufig nicht ausreichend, um Verständlichkeit aller Fragen für die Teilnehmenden zu garantieren, daher fand ein Online-Pretest im Mai 2018 statt. Der Fragebogen wurde 40 Lehrpersonen aus der Volksschule vorgelegt. Dabei wurde die Verständlichkeit der Items, aber auch die Konsistenz der abhängigen Variable Berufszufriedenheit überprüft. Ebenso waren die Teilnehmenden aufgerufen, ein knappes Feedback zu den Fragestellungen zu geben. Als Konsequenz auf die Rückmeldungen aus dem Pretest wurden bei den Fragestellungen C3 und C4 in Klammer Beispiele zur Art der Fort- und Weiterbildung ergänzt, um deren Bedeutung zu klären, weitere Änderung waren nicht nötig.

---

11 Datenschutzgrundverordnung

8.5 Durchführung der Fragebogenerhebung

Mit 29.11.2018 übermittelte der damalige Landesschulrat für Niederösterreich mit einem elektronisch gefertigten Schreiben die Einladung an der Befragung teilzunehmen, an alle Volksschuldirektionen in Niederösterreich. Darin wurde ersucht, allen Lehrpersonen die Teilnahme an der Befragung zu ermöglichen. Die Befragung wurde mit LimeSurvey erstellt und der Link zur Befragung war diesem Schreiben angefügt.

Der Link zur Umfrage war von 28.11.2018 bis 20.12.2018 aktiv und es nahmen 424 Lehrpersonen an der Befragung teil.

An dieser Stelle möchte ich mich bei allen teilnehmenden Lehrpersonen für die Teilnahme an der Befragung bedanken und ebenso bei der Bildungsdirektion für Niederösterreich für die Genehmigung und Unterstützung bei der Durchführung.

8.6 Datenanalyse mittels SPSS und statistische Verfahren

Alle Berechnungen erfolgten mit dem Datenauswertungsprogramm SPSS (Statistic Package for Social Science) Version 24. Nach Beendigung der Datenerhebung wurden die Antworten in SPSS gesichtet. Alle Teilnahmen von Lehrpersonen aus anderen Schularten wurden ausgeschlossen, sodass ein N von 398 die vollständige Datengrundlage bildet. Diese 398 Datensätze wurden in der Datenanalyse berücksichtigt, sortiert, interpretiert und in für die Fragestellungen relevanten Abbildungen und Tabellen dargestellt. Vorwiegend handelt es sich dabei um Boxplots, deskriptive und schließende Darstellungen in Form von Tabellen.

Die Antworten zum Fragenblock B, in welchem die Berufszufriedenheit erhoben worden ist, wurden den Vorgaben entsprechend umgepolt, um die Durchschnittserrechnung nicht zu verfälschen. Mittels SPSS wurden Häufigkeitsberechnungen durchgeführt, darüber hinaus auch eine Reliabilitätsprüfung, bei welcher Cronbach-Alpha-Werte für die Items überprüft wurden.

> „Standard-Schätzformel als Reliabilitätsmaß zur Bestimmung der internen (inneren) Konsistenz einer Skala, eines Tests oder Subtests (Gütekriterien, Reliabilität). [...] Die Höhe des Koeffizienten hängt vom Verhältnis der Summe der einzelnen Itemvarianzen zur Gesamtvarianz der Testskala und deren Itemanzahl ab. Bei Skalen psychometrischer Verfahren sollte für eine zufriedenstellende Reliabilität ein C.-A.-Wert von .7 erreicht werden. Werte unter .5 gelten als nicht akzeptabel, Werte ab .8 als gut." (Hossiep, 2014, S. 359).

Auch Korrelationsanalysen werden mittels SPSS durchgeführt. Dabei handelt es sich um ein Verfahren, das einen Zusammenhang von dichotomen Variablen misst. Erforderlich dazu sind intervallskalierte Variablen (Kromrey, 2009, S. 486).

Als weitere Auswertungsmethode werden Korrelationsanalysen nach Spearman verwendet. Dabei werden Korrelationsanalysen, welche einen Zusammenhang zwischen +1 und −1 errechnen, durchgeführt. Der Korrelationskoeffizient zeigt, ob es einen Zusammenhang zwischen zwei Variablen gibt und wie stark der Zusammenhang zwischen einer Variable X und einer Variable Y ist bzw. wie stark die Variable X von der Variablen Y beeinflusst wird (Diekmann, 2014, S. 699). Diese Korrelationsanalyse nach Spearman errechnet einen Zusammenhang zwischen mindestens zwei ordinalskalierten Variablen. Man nennt dies einen bivariaten Zusammenhang. Dieser Zusammenhang kann eine positive oder eine negative Korrelation sein. Die Korrelation nach Spearman ist ein nichtparametrisches Verfahren, damit werden weniger Anforderungen an die Verteilung der Messwerte in der Grundgesamtheit gestellt. Einzige Voraussetzung ist, dass die Daten ordinalskaliert sind, sie müssen auch nicht normal verteilt sein. Um die Aussagekraft eines Ergebnisses zu bewerten, werden Effektstärken errechnet. Der Korrelationskoeffizient (r) nach Spearman ist eine Größe für die Effektstärke (Universität Zürich, 2019, S. 1–5). Die Klassifizierung des berechneten Zusammenhangs orientiert sich an einer Einteilung von Cohen (1992):

$r = .10$ entspricht einem schwachen Effekt
$r = .30$ entspricht einem mittleren Effekt
$r = .50$ entspricht einem starken Effekt

Es wird auch ein Signifikanzniveau berechnet, dabei muss allerdings berücksichtigt werden, ob der Zusammenhang auch groß genug ist. Als Signifikanzniveaus wird eine Einteilung von Bortz und Döring (2006, S. 740) herangezogen:

Ein p-Wert von ≤ 5 % (.05) wird als signifikant bezeichnet.
Ein p-Wert von ≤ 1 % (.01) wird als sehr signifikant bezeichnet.
Ein p-Wert von ≤ 0,1 % (.001) wird als hoch signifikant beschrieben.

Die Ausgabe von SPSS[12] sowie die Syntax werden im Anhang der Arbeit angeführt.

---

12 Statistical Package for Social Sciences (Version 24)

9. Datenauswertung

9.1 Beschreibung der Stichprobe und der soziodemografischen Daten

Der Fragebogen wurde über die Bildungsdirektion für Niederösterreich an alle Volksschulen des Bundeslandes versandt, somit wurde die Grundgesamtheit erreicht. 424 Lehrpersonen aus Niederösterreich nahmen an der Befragung teil.

Tabelle 3: Schularten vor Bereinigung

In welcher Schulart unterrichten Sie?		Häufigkeit	Prozent	Gültige Prozente
Gültig	Volksschule	398	89,6	93,9
	NMS	24	5,4	5,7
	BMHS	1	0,2	0,2
	Hochschule/Universität	1	0,2	0,2
	Gesamt	424	95,5	100
Fehlend	fehlender Wert	18	4,1	
	System	2	0,5	
	Gesamt	20	4,5	
Gesamt		444	100	

Tabelle 3 zeigt die Schularten, aller an der Umfrage teilnehmenden Lehrpersonen. Für die vorliegende Untersuchung sind nur Lehrpersonen aus dem Volksschulbereich relevant, daher wurde der Datensatz bereinigt. 24 Lehrpersonen aus der NMS[13], eine aus der BMHS[14] und eine aus dem tertiären Bereich wurden vom Datensatz entfernt.

---

13 Die *Neue Mittelschule* ist ein Schultyp im österreichischen Bildungssystem und wird seit 2012 als Regelschule für die 5.–8. Schulstufe geführt. Mit dem Schuljahr 2015/16 wurden alle Hauptschulen mittels Stufenplan zu Neuen Mittelschulen umgewandelt. Mit 2020/21 werden diese nur noch als MS Mittelschulen bezeichnet.
14 *Berufsbildende höhere Schule* im österreichischen Schulsystem. Schulstufen 9.–12./13. mit Maturaabschluss.

Nach der Bereinigung aller Fälle, die nicht aus dem Volksschulbereich stammen oder keine Werte eingegeben haben, ergab sich folgende Datenlage, welche in die weiteren Analysen aufgenommen wurde.

Tabelle 4: Schularten nach Bereinigung

In welcher Schulart unterrichten Sie?				
		Häufigkeit	Prozent	Gültige Prozente
Gültig	Volksschule	398	100	100

Somit ergibt sich für alle weiteren Berechnungen und Analysen ein N von 398. Schönbrodt und Perugini (2013) führten eine Simulationsstudie durch, um den Stichprobenumfang zu bestimmen, ab dem sich die Stichprobenkorrelation stabilisiert. Sie stellten fest, dass dieser Wert von der Effektstärke, den Schwankungen und dem Konfidenzniveau abhängt, sich aber im Allgemeinen auf einem Niveau ab einem Stichprobenumfang von N = 250 konsolidiert. Das N von 398 ist damit eine ausreichende Größenordnung, um gültige Berechnungen mittels Korrelationsanalysen durchzuführen und daraus Schlüsse abzuleiten.

9.1.1 Geschlechterverteilung

Tabelle 5: Verteilung nach Geschlecht

Bitte geben Sie Ihr Geschlecht an.					Grundgesamtheit
		Häufigkeit	Prozent	Gültige Prozente	Verteilung in Prozent in NÖ
Gültig	weiblich	368	92,5	92,9	91,7
	männlich	28	7	7,1	8,3
	Gesamt	396	99,5	100	100
Fehlend	fehlender Wert	2	0,5		
Gesamt		398	100		

Das Geschlecht wird zwar nicht explizit in die Analysen miteinbezogen, dennoch soll gezeigt werden, dass es sich um eine ähnliche Verteilung von Männern und Frauen im Volksschulbereich handelt. Im Vergleich dazu gibt es in Niederösterreich 91,7 % Frauen und 8,3 % Männer, die in der Volksschule als Lehrpersonen tätig sind (Statistik Austria, 2018). Die Verteilung in dieser Untersuchung liegt dieser Grundgesamtheit sehr nahe.

9.1.2 Alter nach Kategorien

Das durchschnittliche Alter der teilnehmenden Lehrpersonen liegt bei 43 Jahren.

Tabelle 6: Dienstalter in Gruppen

Dienstalter in Kategorien		Häufigkeit	Prozent	Gültige Prozente	Kumulative Prozente
Gültig	Bis 24	11	2,8	2,8	2,8
	25–29	53	13,3	13,4	16,2
	30–34	41	10,3	10,4	26,6
	35–40	35	8,8	8,9	35,4
	41–45	53	13,3	13,4	48,9
	46–50	69	17,3	17,5	66,3
	51–55	49	12,3	12,4	78,7
	56–60	60	15,1	15,2	93,9
	61 und älter	24	6	6,1	100
	Total	395	99,2	100	
Fehlend	Fehlender Wert	3	0,8		
Gesamt		398	100		

Unter den Teilnehmenden sind alle Altersgruppen vertreten. Ob es sich um eine repräsentative Verteilung und ein Abbild der Grundgesamtheit handelt, wird im folgenden Kapitel überprüft. Drei Lehrpersonen gaben kein Alter an.

9.1.3 Repräsentativität der Untersuchung

Eine Stichprobe wird von Kromey (2009, S. 263) als ein verkleinertes Abbild der Grundgesamtheit beschrieben. Es wird überprüft, ob die vorliegende Untersuchung in Bezug auf das Dienstalter der Teilnehmer/innen eine repräsentative Stichprobe darstellt.

Die Daten zur Grundgesamtheit in Niederösterreich stammen von der Statistik Austria (2018) und werden hier zum Vergleich angeführt und herangezogen.

Tabelle 7: Alter in Gruppen und Grundgesamtheit

		Alter in Kategorien in der Untersuchung		Grundgesamtheit NÖ	
		Häufigkeit	Prozent	Häufigkeit	Prozent
Gültig	Bis 24	11	2,8	183	3
	25–29	53	13,3	687	12
	30–34	41	10,3	401	7
	35–39	35	8,8	614	10
	40–44	53	13,3	867	15
	45–49	69	17,3	1 012	17
	50–54	49	12,3	840	14
	55–59	60	15,1	809	14
	60 und älter	24	6	487	8
	Total	395	99,2	5 902	100
Fehlend	Fehlender Wert	3	0,8		
Gesamt		398	100	5 902	100

Tabelle 7 zeigt die Altersverteilung in der Stichprobe und die Altersverteilung der Grundgesamtheit, also der Lehrpersonen in der Volksschule in Niederösterreich. Um zu prüfen, ob es sich um eine repräsentative Stichprobe handelt, wird ein Chi-Quadrat-Test (siehe Tabelle 9) durchgeführt. Ein Chi-Quadrat-Test gibt eine Aussage darüber ab, ob sich die erhobenen Häufigkeiten signifikant von denen unterscheiden, welche man erwarten würde.

Tabelle 8: Dienstalter in Kategorien im Vergleich mit der Grundgesamtheit

Alter in Kategorien im Vergleich mit der Grundgesamt			
	Erhobene Werte	Erwartete Werte	Residual
Bis 24	11	12,2	–1,2
25–29	53	46	7
30–34	41	26,8	14,2
35–39	35	41,1	–6,1
40–44	53	58	–5
45–49	69	67,7	1,3
50–54	49	56,2	–7,2
55–59	60	54,1	5,9
60 und älter	24	32,8	–8,8
Total	395		

Tabelle 9: Chi-Quadrat-Test Alter

Test Statistik

	Alter
Chi-Square	13,956a
df	8
Asymp. Sig.	,083

Die Irrtumswahrscheinlichkeit ist nicht signifikant. Diese Signifikanz überprüft die Abweichungen zwischen beobachteten und erwarteten Häufigkeiten auf Zufälligkeit (RRZN-Handbuch, 2012, S. 104). Die Verteilung der an der Befragung beteiligten Personen bildet im Verhältnis die Grundgesamtheit ab.

Es kann von einer repräsentativen Untersuchung gesprochen werden.

9.2 Deskriptive Statistik zu den Fragestellungen im Fragebogen

In diesem Abschnitt werden zu den einzelnen Items aus dem Fragebogen das jeweilige N, der Mittelwert und die Standardabweichung deskriptiv dargestellt. Dies soll einen Überblick über die Datenlage ermöglichen. Die Skalen beziehen sich auf Werte von (4) stimme völlig zu, (3) stimme eher zu, (2) stimme weniger zu und (1) stimme nicht zu.

Tabelle 10: Wahl der Organisation von Fort- und Weiterbildungsveranstaltungen

Deskriptive Statistik: Wählen Sie in Ihrer aktuellen beruflichen Situation bevorzugt…			
	N	Mittelwert	Standardabweichung
… eintägige Fortbildungsveranstaltungen.	379	3,44	0,95
… mehrtägige Veranstaltungsreihen.	356	2,29	1,043
… Lehrgänge im Zeitrahmen von 1–2 Semester.	351	2,24	1,126
… Lehrgänge, die länger dauern als 2 Semester.	351	1,96	1,129
… Online Fortbildungen.	357	1,81	1,015
… Sonstige.	281	1,65	0,999
Gültige Werte (Listenweise)	268		

Bevorzugt wählen Lehrpersonen im Volksschulbereich eintägige Fortbildungsveranstaltungen, wie Tabelle 10 zeigt. Bei einer möglichen Ausprägung zwischen 1 und 4 liegt hier der Mittelwert bei 3,44 und übertrifft damit alle weiteren Organisationsformen. Mehrtägige Veranstaltungen und Lehrgänge finden eine mittelhohe Zustimmung. Das Schlusslicht bilden Online Fortbildungen, möglicherweise bedingt durch das geringere Angebot von Online Fortbildungen, dies könnte im Rahmen einer weiteren Forschungsarbeit untersucht werden.

Tabelle 11: Häufigkeit an Teilnahmen an Fort- und Weiterbildungen in Unterrichtseinheiten

An wie vielen Fort- und Weiterbildungen nehmen Sie pro Schuljahr im Durchschnitt teil? (Angabe in Unterrichtseinheiten zu je 45 Minuten)					
		Häufigkeit	Prozent	Gültige Prozente	Kumulierte Prozente
Gültig	0 Unterrichtseinheiten	1	0,3	0,3	0,3
	1–15 UE	63	15,8	16,4	16,7
	16–30 UE	165	41,5	43,1	59,8
	31–60 UE	95	23,9	24,8	84,6
	mehr als 61 UE	59	14,8	15,4	100
	Gesamt	383	96,2	100	
Fehlend	99	15	3,8		
Gesamt		398	100		

Tabelle 11 zeigt, dass über 80 % der Lehrpersonen mehr als die dienstrechtlich vorgegebenen 15 Unterrichtseinheiten an Fort- und Weiterbildung besuchen. 15,8 % geben an im Bereich von einer bis 15 besuchten Unterrichtseinheiten an Fort- und Weiterbildungen zu liegen. Die größte Gruppe findet sich im Bereich von 16–30 Unterrichtseinheiten an Fort- und Weiterbildungen pro Schuljahr. Der Mittelwert liegt bei 3,39, also genau in diesem Bereich zwischen 16 und 30 Unterrichtseinheiten mit einer Standardabweichung von 0,954.

Nur eine Person von 383 gibt an, an keinen Fort- und Weiterbildungen teilgenommen zu haben.

Es wird auch deutlich gezeigt, dass das Konzept des lebenslangen Lernens unter Lehrpersonen auch bei institutionellen Fort- und Weiterbildungen alltäglich ist.

Die bevorzugten Inhalte von Fort- und Weiterbildungsveranstaltungen, welche Lehrpersonen wählen, sind hier in Tabelle 12 dargestellt. In einem Bereich von 1 bis 4 liegen alle drei Mittelwerte über bzw. genau auf dem Wert 3, also „stimme eher zu". Nach Angaben der Teilnehmer/innen favorisieren die meisten Lehrpersonen Veranstaltungen mit fachwissenschaftlichen Inhalten, gefolgt von methodischen Inhalten und Inhalten zur Persönlichkeitsentwicklung.

Die Statistik gibt zwar eine Reihung vor, dennoch liegen alle drei Inhaltsarten nach den angewandten empirischen Parametern im untersuchten Bereich hoch.

Tabelle 12: Inhalt der Fort- und Weiterbildungsveranstaltungen

Deskriptive Statistik: Sie wählen Ihre Fort- und Weiterbildungen um vorwiegend ...			
	N	Mittelwert	Standardabweichung
...Ihre Fachkompetenz zu verbessern.	383	3,51	0,693
...Ihre Persönlichkeit weiter zu entwickeln.	378	3	0,944
...Ihre Methodenkompetenz zu erweitern.	383	3,39	0,726
Gültige Werte (Listenweise)	378		

Tabelle 13: Art der Fort- und Weiterbildungsveranstaltungen

Deskriptive Statistik: In Ihrer derzeitigen beruflichen Situation wählen Sie vorwiegend...			
	N	Mittelwert	Standardabweichung
... Erhaltungsfort- und Weiterbildungen.	378	2,77	0,978
... Anpassungsfort- und Weiterbildungen.	377	2,58	0,893
... Erweiterungsfort- und Weiterbildungen.	375	2,88	0,985
... Aufstiegsfort- und Weiterbildungen.	377	1,97	1,134
Gültige Werte	373		

Bei der Art der vorwiegend gewählten Fort- und Weiterbildungen liegen Erhaltungs-, Anpassungs- und Erweiterungsfort- und Weiterbildungen nahe beisammen. In einem möglichen Mittelwertbereich zwischen 1 und 4 sind diese zwischen 2,58 und 2,88 situiert, also tendenziell eher bei dem Skalenwert von „stimme eher zu".

Einzig Aufstiegsfort- und Weiterbildungen werden am häufigsten mit „stimme weniger zu" bewertet. Dies liegt eventuell daran, dass es im Schulsystem nicht viele Aufstiegsmöglichkeiten gibt bzw. auch daran, dass ein hierarchischer Aufstieg in das Arbeitsfeld der Schulleitung vielleicht nicht mehr so aussichtsreich und erstrebenswert erscheint.

Den höchsten Zuspruch mit einem Mittelwert zwischen „Stimme eher zu" und „stimme völlig zu" erhält die Aussage „Ich bin immer auf der Suche nach neuen und innovativen Fort- und Weiterbildungsmöglichkeiten" (siehe Tabelle 14). Auch der Ort, an dem die Fortbildungsveranstaltung stattfindet, bzw. die Entfernung zur Fortbildungsveranstaltung, ist für die Entscheidung über eine Teilnahme sehr bedeutend.

Tabelle 14: Bereitschaft an Fort- und Weiterbildungsveranstaltungen teilzunehmen

Deskriptive Statistik: Welche Aussagen treffen für Sie zu?			
	N	Mittelwert	Standardabweichung
Ich bin immer auf der Suche nach neuen und innovativen Fort- und Weiterbildungsmöglichkeiten.	378	3,31	0,825
Ich nehme vorwiegend an Fort- und Weiterbildungen in meiner Umgebung teil.	381	3,18	0,882
Ich nehme vorwiegend an Fort- und Weiterbildungen teil, wenn Kolleginnen oder Kollegen auch mitkommen.	379	1,99	1,034
Ich nehme nur an Fort- und Weiterbildungen teil, wenn ich muss.	378	1,46	0,801
Ich nehme nur an Fort- und Weiterbildungen teil, wenn mir meine Vorgesetzten dies vorschreiben.	379	1,38	0,768
Ich nehme an keinen Fort- und Weiterbildungen teil.	379	1,07	0,357
Ich plane und halte gerne selber Fortbildungen.	375	1,45	0,812
Gültige Werte	372		

Ob Kolleginnen und Kollegen an der Veranstaltung mit teilnehmen, liegt genau in der Mitte der Wahlmöglichkeiten hat aber auch die höchste Standardabweichung, eine klare Bewertung dieser Aussage kann somit nicht getroffen werden.

Die Verpflichtung an Fortbildungen teilzunehmen findet einen Mittelwert zwischen „stimme nicht zu" und „stimme weniger zu".

Die Anzahl derer, die selbst Fortbildungen planen und halten ist gering.

9.3 Skala Berufszufriedenheit

Die Berufszufriedenheit wurde mit der in Kapitel 3.3 angeführten Skala gemessen. Tabelle 15 zeigt eine Zusammenfassung der Fallverarbeitung zur Berufszufriedenheitsskala.

Tabelle 15: Berufszufriedenheit Fallübersicht

Zusammenfassung der Fallverarbeitung				
		N		%
Fälle	Gültig	384		96,5
	Ausgeschlossen[a]	14		3,5
	Gesamt	398		100,0

a. Listenweise Löschung auf der Grundlage aller Variablen in der Prozedur.

In der Fragestellung wurde die Zustimmung zu in Tabelle 16 angeführten Items abgefragt. Die Skala fand, wie in Kapitel 3.3 angeführt, bisher in mehreren Untersuchungen Anwendung.

Tabelle 16: Item-Skala Berufszufriedenheit

Item-Skala Berufszufriedenheit	Korrigierte Item-Skala-Korrelation	Cronbachs Alpha, wenn Item weggelassen
Ich bin mit meinem Beruf sehr zufrieden.	0,719	0,797
Wenn ich mein Leben neu planen könnte, würde ich wieder Lehrerin bzw. Lehrer werden.	0,458	0,849
Ich habe das Gefühl, dass ich mit den Belastungen des Lehrerberufs nicht fertig werde. (umcodiert)	0,677	0,803
Meine Arbeit macht mir nur wenig Spaß. (umcodiert)	0,697	0,802
Freizeit und Hobbies geben mir mehr Befriedigung als Schule und Beruf. (umcodiert)	0,504	0,836
Ich fühle mich durch die Belastungen des Lehrerberufs überfordert. (umcodiert)	0,697	0,799

Bei allen Items in dieser Skala wurde ein Cronbach Alpha von annähernd 0,8 oder höher ermittelt. Nach Hossip (2019) können diese Werte als gut beschrieben werden.

Tabelle 17: Cronbachs Alpha Berufszufriedenheit

Reliabilitätsstatistik	
Cronbachs Alpha	Anzahl der Items
0,841	6

Der Cronbach-Alpha-Wert dieser Skala mit diesen 6 Items liegt bei 0,841 wie Tabelle 17 zeigt. Er wird in dieser Untersuchung zu allen Fragestellungen zur Berufszufriedenheit angewandt.

9.4 Datenanalyse zu den Forschungsfragen

In Kapitel 9.4 wird der Zusammenhang zwischen Berufszufriedenheit und Dienstalter untersucht. Das Kapitel 9.5 widmet sich dem Zusammenhang von Berufszufriedenheit und Neigung zu Fort- und Weiterbildungsveranstaltungen.

Kapitel 9.6 untersucht den Zusammenhang zwischen Dienstalter und Fort- und Weiterbildungsveranstaltungen. Damit werden alle in Kapitel 1.6 dargestellten Zusammenhänge berücksichtigt und erkundet.

9.4.1 Die zentrale Fragestellung

Die schon angeführte zentrale Forschungsfrage lautet:

Wie hängen die Berufszufriedenheit und das Dienstalter von Lehrpersonen der niederösterreichischen Volksschule mit der Teilnahme von Fort- und Weiterbildungsveranstaltungen zusammen?

Aus dieser Forschungsfrage wurden Unterfragen abgeleitet, welche im Folgenden untersucht und beantwortet werden.

9.4.2 Zusammenhang Dienstalter und Berufszufriedenheit

Die Frage wie Dienstalter und Berufszufriedenheit von Lehrpersonen der niederösterreichischen Volksschule zusammenhängen, soll in diesem Kapitel beantwortet werden. Die folgende Tabelle stellt die Zuteilung der teilnehmenden Lehrpersonen nach Kategorien dar, die sich aus dem Modell von Huberman, siehe Kapitel 6.6, ergeben.

Tabelle 18: Dienstalter in Kategorien

Häufigkeitstabelle Dienstalter		
In welchem Dienstalter befinden Sie sich?	N	Prozent
1–3 Dienstjahr	42	10,9
4–6 Dienstjahr	45	11,7
7–18 Dienstjahr	93	24,2
19–30 Dienstjahr	113	29,4
31–45 Dienstjahr	91	23,7
Gesamt	384	100 %

Tabelle 6 in Kapitel 9.1.2 zeigt eine Altersübersicht, das durchschnittliche Alter der teilnehmenden Lehrpersonen liegt bei 43 Jahren. Tabelle 18 zeigt das Dienstalter der 384 teilnehmenden Lehrpersonen mit einem Mittelwert von 21 Dienstjahren. Diese Kategorien sind von der Spanne her nicht gleich groß, da sie an das Phasenmodell nach Huberman (Kapitel 6.6) angepasst sind. Für die weiteren Auswertungen ist es relevant, dass alle Dienstaltersgruppen vertreten sind.

Abbildung 9: Boxplot Berufszufriedenheit und Dienstalter

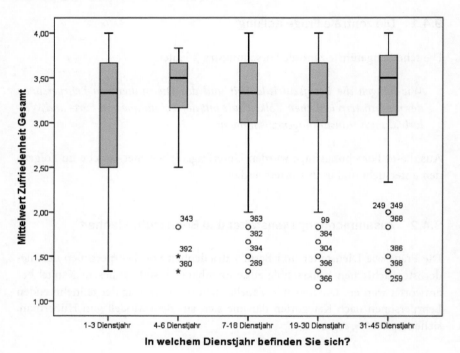

Betrachtet man die Boxplots in Abbildung 9, so lässt sich erkennen, dass in allen Dienstalterskategorien die mit der Skala aus Kapitel 3.3 gemessene Berufszufriedenheit ähnlich hoch liegt. Der Mittelwert in der Kategorie 1–3 Dienstjahre liegt bei 3,07 und der Median bei 3,33. In der Kategorie 4–6 Dienstjahre lieg der Mittelwert bei 3,29 und der Median bei 3,50 und somit mit der Kategorie 31–45 Dienstjahre, bei welchem der Mittelwert bei 3,28 und der Median ebenso bei 3,50 liegt, am höchsten. In der Kategorie 7–18 Dienstjahre liegt der Mittelwert bei 3,24 und der Median bei 3,33 ähnlich wie in der Kategorie 19–30 Dienstjahre, wo der Mittelwert bei 3,25 und der Median auch bei 3,33 liegt. Die hier angeführten Mittelwerte und Mediane wurden von Tabelle 25 aus dem Anhang entnommen.

Ein großer Unterschied lässt sich in diesen Kategorien nicht erkennen. Darum kann davon ausgegangen werden, dass die Berufszufriedenheit in allen Dienstalterskategorien ähnlich hoch liegt. Ob es sich um signifikante Korrelationen handelt, wird in Tabelle 19 dargestellt.

Tabelle 19: Korrelation Berufszufriedenheit und Dienstalter

Korrelation Berufszufriedenheit und Dienstalter			
In welchem Dienstjahr befinden Sie sich?	Hypothese	r	p
Dienstalter	ρ > 0	+0,054	0,292

* p < 0,05; ** p < 0,01; *** p < 0,001

Der Korrelationskoeffizient (r = 0,054) ist nicht signifikant (p = 0,292) und die vermutete Annahme, dass es einen Zusammenhang zwischen Dienstalter und Berufszufriedenheit gibt, kann nicht bestätigt werden.

Zusammenfassend lässt sich auf Basis dieser Analysen feststellen, dass offensichtlich kein signifikanter Zusammenhang zwischen Dienstalter und Berufszufriedenheit in dieser Untersuchung nachweisbar ist und in allen fünf Dienstalterskategorien sehr hoch liegt.

9.5 Fragestellungen zur Berufszufriedenheit

In den Kapiteln 9.5.2 bis 9.5.6 werden Zusammenhänge zwischen der Berufszufriedenheit mit den Fragestellungen zur Fort- und Weiterbildung mittels der in Kapitel 8.6 beschriebenen Spearmans Rangkorrelation erkundet. Die Darstellungen in den Tabellen folgen dabei dem Muster, dass zuerst die jeweilige Fragestellung angeführt wird, dann der Korrelationskoeffizient r, darauf folgend die Signifikanz (p) und eine vermutete Annahme, die aus der Literatur abgeleitet wird, sofern dies möglich ist. Die Hypothesen in Spalte 2 (Alternativhypothesen im Sinne des statistischen Testens) beziehen sich auf den Korrelationskoeffizienten ρ in der Gesamtheit von Lehrpersonen in niederösterreichischen Volksschulen. Die Werte in Spalte 3 geben den Korrelationskoeffizienten r in der Stichprobe zusammen mit der Signifikanz wieder. Spalte 4 zeigt den auf die jeweilige Hypothese bezogenen p-Wert.

In Kapitel 9.5.1 wird dazu ein Boxplot mit einer Übersicht der Ergebnisse dargestellt.

9.5.1 Zusammenhang Berufszufriedenheit und Anzahl der Unterrichtseinheiten von besuchten Fort- und Weiterbildungen

Wie hängt die Anzahl der Unterrichtseinheiten von besuchten Fort- und Weiterbildungen zusammen mit der Berufszufriedenheit von Lehrpersonen in der niederösterreichischen Volksschule?

Tabelle 20: Häufigkeitstabelle Besuch Unterrichtseinheiten in der Fort- und Weiterbildung

Häufigkeitstabelle Besuch Unterrichtseinheiten an Fort- und Weiterbildungen	
An wie vielen Fort- und Weiterbildungen nehmen Sie im Durchschnitt teil? (Angabe in Unterrichtseinheiten je 45 Minuten)	N = 383
0 Unterrichtseinheiten	1
1–15 Unterrichtseinheiten	63
16–30 Unterrichtseinheiten	165
31–60 Unterrichtseinheiten	95
mehr als 61 Unterrichtseinheiten	59

Nur eine teilnehmende Lehrperson gibt an, dass sie keine einzige Unterrichtseinheit in der Fort- und Weiterbildung besucht hat. Der Großteil liegt über den im österreichischen Dienstrecht für Lehrpersonen geforderten 15 Unterrichtseinheiten an Fortbildungsverpflichtung. 165 Lehrpersonen besuchen zwischen 16 und 30 Unterrichtseinheiten, 95 zwischen 31 und 60 Unterrichteinheiten. 59 Lehrpersonen besuchen sogar mehr als 61 Unterrichtseinheiten in der Fort- und Weiterbildung. Eine Fortbildungsfaulheit kann damit niederösterreichischen Lehrpersonen in der Volksschule nicht unterstellt werden eher im Gegenteil, 319 Lehrpersonen geben an mehr als die erforderliche Fort- und Weiterbildungsverpflichtung zu erfüllen.

Der Boxplot in Abbildung 10 (nächste Seite) stellt den Zusammenhang zwischen besuchten Unterrichtseinheiten und Berufszufriedenheit dar.

Der Boxplot Berufszufriedenheit und besuchte Unterrichtseinheiten in der Fort- und Weiterbildung in Abbildung 10 lässt erkennen, dass es hier einen Zusammenhang zwischen der Berufszufriedenheit und der Häufigkeit der besuchten Unterrichtseinheiten in der Fort- und Weiterbildung gibt. Je mehr besuchte Unterrichtseinheiten, desto höher ist die Berufszufriedenheit bzw. kann die Aussage im Umkehrschluss auch lauten, berufszufriedene Lehrpersonen besuchen tendenziell mehr Unterrichtseinheiten in der Fort- und Weiterbildung. Eine Korrelationsanalyse folgt in Tabelle 21 (siehe nächste Seite) und überprüft, ob es sich bei diesem Zusammenhang um einen signifikanten handelt.

Der Zusammenhang zwischen besuchten Unterrichtseinheiten in der Fort- und Weiterbildung und der Berufszufriedenheit korreliert nach Cohen (1992) positiv. Der Effekt ist schwach und hoch signifikant ($r = 0{,}292$, $p < 0{,}001$). Die Hypothese, dass es einen positiven Zusammenhang zwischen diesen beiden Variablen gibt, kann somit bestätigt werden. Offen bleibt allerdings bis zu welcher Häufigkeit von Unterrichtseinheiten dieser Effekt sichtbar wird.

Abbildung 10: Boxplot Berufszufriedenheit und besuchte Unterrichtseinheiten

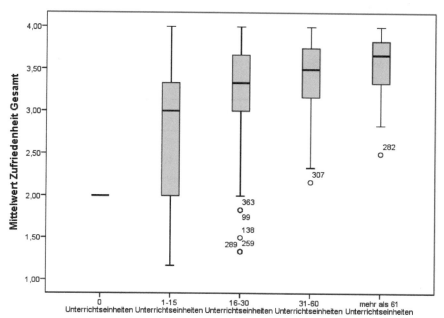

Tabelle 21: Korrelation Berufszufriedenheit und besuchte Unterrichtseinheiten in der Fort- und Weiterbildung

Korrelation Berufszufriedenheit und besuchte Unterrichtseinheiten in der Fort- und Weiterbildung			
An wie vielen Fort- und Weiterbildungen nehmen Sie im Durchschnitt teil? (Angabe in Unterrichtseinheiten je 45 Minuten)	Hypothese	r	p
besuchte Unterrichtseinheiten	ρ > 0	0,292**	<0,001

* $p < 0,05$; ** $p < 0,01$; *** $p < 0,001$

9.5.2 Zusammenhang Berufszufriedenheit und Neigung zu bestimmten Dauern und Organisationsformen von Fort- und Weiterbildungsveranstaltungen

Die Frage, wie die Neigung zu bestimmten Dauern und Organisationsformen von Fort- und Weiterbildungsveranstaltungen mit der Berufszufriedenheit von Lehrpersonen in der niederösterreichischen Volksschule zusammenhängt soll im Weiteren beantwortet werden.

Dieser Zusammenhang wurde in der Befragung mit Items zu Dauern und Organisationsformen von Fort- und Weiterbildungsveranstaltungen und der Skala zur Berufszufriedenheit bearbeitet. Tabelle 22 zeigt die Ergebnisse.

Tabelle 22: Korrelation Berufszufriedenheit und Organisation der Fort- und Weiterbildung

Item: Wählen Sie in Ihrer aktuellen beruflichen Situation bevorzugt...	Hypothese	r	p
... eintägige Fortbildungsveranstaltungen?	ρ < 0	−0,161**	0,002
... mehrtägige Veranstaltungsreihen?	ρ > 0	+0,100	0,600
... Lehrgänge im Zeitrahmen von 1–2 Semestern?	ρ > 0	+0,262***	< 0,001
... Lehrgänge, die länger dauern als 2 Semester?	ρ > 0	+0,309***	< 0,001
... Online-Fortbildungen?	ρ ≠ 0	−0,045	0,394

* p < 0,05; ** p < 0,01; *** p < 0,001

Die vier Items zur Dauer von Fort- und Weiterbildungen zeigen einen mit der Dauer zunehmenden Zusammenhang zwischen Neigung und Berufszufriedenheit. Die Neigung zu eintägigen Veranstaltungen korreliert, gemäß der Einstufung nach Cohen (1992), schwach negativ, jedoch signifikant mit der Berufszufriedenheit ($r = -0{,}161$, $p = 0{,}002$). Je länger die Veranstaltung dauert, desto stärker positiv wird der Zusammenhang, bei eintägigen Fortbildungsveranstaltungen ist er noch negativ. Die längste abgefragte Dauer, betreffend Lehrgänge, die länger als zwei Semester dauern, zeigt einen mittleren positiven Zusammenhang mit hoher Signifikanz ($r = +0{,}309$, $p < 0{,}001$).

Die Daten sprechen für die Annahme, dass Personen mit höherer Berufszufriedenheit stärker zu längeren Fort- und Weiterbildungsveranstaltungen neigen. Eine Fragestellung, die sich hier auftut, wäre, bis zu welcher Dauer dieser Effekt zunimmt bzw. ob und wann er wieder abnimmt.

Zwischen der Neigung zu Online-Fortbildungen und der Berufszufriedenheit ist der beobachtete Zusammenhang weniger als schwach und negativ und auch nicht signifikant ($r = -0{,}045$, $p = 0{,}394$). Die Nullhypothese, es gebe keinen Zusammenhang, kann daher beibehalten werden.

9.5.3 Zusammenhang Berufszufriedenheit und Inhalt von besuchten Fort- und Weiterbildungsveranstaltungen

Zur Beantwortung dieser Frage, wie die Berufszufriedenheit von Lehrpersonen in der niederösterreichischen Volksschule mit dem Inhalt von besuchten Fort- und Weiterbildungsveranstaltungen zusammenhängt, werden die Daten zur

Berufszufriedenheit sowie die Daten aus den Items zu Inhalten von Fort- und Weiterbildungsveranstaltungen herangezogen.

Tabelle 23: Korrelation Berufszufriedenheit und Inhalt von Fort- und Weiterbildungen

Item: Sie wählen Ihre Fort- und Weiterbildungen vorwiegend um …	Hypothese	r	p
… Ihre Fachkompetenz zu verbessern.	ρ > 0	+0,254**	< 0,001
… Ihre Persönlichkeit weiter zu entwickeln.	ρ > 0	+0,157**	0,002
… Ihre Methodenkompetenz zu erweitern.	ρ > 0	+0,176**	< 0,001

* $p < 0,05$; ** $p < 0,01$; *** $p < 0,001$

Die drei Items zu den Inhalten von Fort- und Weiterbildungsveranstaltungen zeigen einen Zusammenhang zur Berufszufriedenheit. Die Neigung zu Veranstaltungen mit Inhalten zur Verbesserung der Fachkompetenz korrelieren gemäß der Einstufung nach Cohen (1992) zwar schwach mit der Berufszufriedenheit, dennoch am stärksten von diesen drei Items. Diese Korrelation kann auch als hoch signifikant beschrieben werden ($r = 0,254$, $p < 0,001$). Auch die Neigung zum Besuch von Veranstaltungen zur Verbesserung der Methodenkompetenz zeigte eine schwache und signifikante Korrelation mit der Berufszufriedenheit ($r = 0,176$, $p < 0,001$). Die Neigung zu Veranstaltungen, deren Inhalt dazu geeignet ist, die Persönlichkeit weiter zu entwickeln, zeigt unter diesen drei Items die geringste Korrelation, dennoch ist diese signifikant ($r = 0,157$, $p = 0,002$).

Die Annahme, dass es einen Zusammenhang zwischen Inhalten von Fort- und Weiterbildungsveranstaltungen und der Berufszufriedenheit gibt, kann durch diese Daten bestätigt werden.

9.5.4 Zusammenhang Berufszufriedenheit und Art von besuchten Fort- und Weiterbildungsveranstaltungen

Es werden die Daten zur Berufszufriedenheit, sowie die Daten aus den Items zu Arten von Fort- und Weiterbildungsveranstaltungen zur Untersuchung dieser Frage, wie Berufszufriedenheit von Lehrpersonen in der niederösterreichischen Volksschule mit der Art von besuchten Fort- und Weiterbildungsveranstaltungen zusammenhängen, herangezogen.

Die vier Items zur Art von Fort- und Weiterbildungsveranstaltungen zeigen einen positiven Zusammenhang mit der Berufszufriedenheit. Die Neigung zum Besuch von Anpassungsfort- und Weiterbildungen korreliert unter diesen vier Items am geringsten bzw. nicht mit der Berufszufriedenheit ($r = 0,063$, $p =$

0,220). Erhaltungsfort- und Weiterbildungen korrelieren gemäß Cohen (1992) schwach, jedoch sehr signifikant (r = 0,146, p = 0,004). Erweiterungsfortbildungen korrelieren schwach, jedoch hoch signifikant (r = 0,180, p < 0,001). Der größte Zusammenhang zwischen der Art von Fort- und Weiterbildungen und der Berufszufriedenheit zeigt sich bei Aufstiegsfort- und Weiterbildungen. Dieser wird laut Cohen (1992) mit mittel beschrieben und hoch signifikant (r = 0.310, r < 0,001).

Tabelle 24: Korrelation Berufszufriedenheit und Art der Fort- und Weiterbildung

Item: In Ihrer derzeitigen beruflichen Situation wählen Sie vorwiegend ...	Hypothese	r	p
... Erhaltungsfort- und Weiterbildungen.	ρ > 0	+0,146**	0,004
...Anpassungsfort- und Weiterbildungen.	ρ > 0	+0,063	0,220
... Erweiterungsfort- und Weiterbildungen.	ρ > 0	+0,180**	< 0,001
... Aufstiegsfort- und Weiterbildungen.	ρ > 0	+0,310**	< 0,001

* p < 0,05; ** p < 0,01; *** p < 0,001

Die Daten sprechen für die Annahme, dass Besuche aller Arten von Fort- und Weiterbildungsveranstaltungen einen positiven Zusammenhang mit der Berufszufriedenheit haben. Dieser Zusammenhang ist am größten bei Besuchen von Aufstiegsfort- und Weiterbildungen und am geringsten bei Anpassungsveranstaltungen. Berufszufriedene Lehrpersonen neigen nach diesen Daten eher dazu, sich über Erweiterungs- bzw. Aufstiegsveranstaltungen zusätzliche Qualifikationen anzueignen. Der Besuch von Anpassungsveranstaltungen zeigt den geringsten Zusammenhang mit der Berufszufriedenheit.

Bei allen vier Items zu Arten von Fort- und Weiterbildungsveranstaltungen kann die Nullhypothese, es gibt einen Zusammenhang, beibehalten werden.

9.5.5 Zusammenhang Berufszufriedenheit und Interesse an Fort- und Weiterbildungsveranstaltungen

In diesem Kapitel wird die Frage beantwortet, wie das Interesse an Fort- und Weiterbildungsveranstaltungen mit der Berufszufriedenheit von Lehrpersonen in der niederösterreichischen Volksschule zusammenhängt. Das Interesse an Fort- und Weiterbildungen wurde mit sieben unterschiedlichen und voneinander unabhängigen Aussagen, die zu bewerten waren erhoben und mit der Skala zur Berufszufriedenheit abgeglichen. Die Auswertung zum Zusammenhang dieser Items wird in Tabelle 25 dargestellt.

Tabelle 25: Korrelation Berufszufriedenheit und Interesse an Fort- und Weiterbildung

Item: Welche Aussagen treffen auf Sie zu?	Hypothese	r	p
Ich bin immer auf der Suche nach neuen und innovativen Fort- und Weiterbildungsmöglichkeiten.	ρ > 0	+0,265**	< 0,001
Ich nehme vorwiegend an Fort- und Weiterbildungen in meiner Umgebung teil.	ρ ≠ 0	−0,127*	0,013
Ich nehme vorwiegend an Fort- und Weiterbildungen teil, wenn Kollegen oder Kolleginnen auch mitkommen.	ρ ≠ 0	−0,070	0,174
Ich nehme nur an Fort- und Weiterbildungen teil, wenn ich muss.	ρ < 0	−0,311**	< 0,001
Ich nehme nur an Fort- und Weiterbildungen teil, wenn mir meine Vorgesetzten dies vorschreiben.	ρ < 0	−0,324**	< 0,001
Ich nehme an keinen Fort- und Weiterbildungen teil.	ρ < 0	−0,224**	< 0,001
Ich plane und halte gerne selber Fortbildungen.	ρ > 0	+0,183**	< 0,001

* p < 0,05; ** p < 0,01; *** p < 0,001

Die beiden Aussagen, dass an Fort- und Weiterbildungen nur teilgenommen wird, wenn man dazu verpflichtet wird, zeigen nach Cohen (1992) einen mittleren negativen und hoch signifikanten Zusammenhang mit Berufszufriedenheit (r = −0,311, p < 0,001; r = −0,324, p < 0,001). Die Annahme, dass ein verpflichteter Besuch von Fort- und Weiterbildungsveranstaltungen negativ mit der Berufszufriedenheit korreliert, kann aufgrund dieser Daten bestätigt werden.

An keinen Fort- und Weiterbildungsveranstaltungen teilzunehmen korreliert auch negativ und hoch signifikant mit der Berufszufriedenheit (r = −0,224, p < 0,001). Lehrpersonen mit der Neigung, keine Fortbildungsveranstaltungen zu besuchen, weisen damit tendenziell weniger Berufszufriedenheit auf.

Die Neigung zum Besuch von Fort- und Weiterbildungen in der örtlichen Nähe zur Lehrperson zeigt in Korrelation mit der Berufszufriedenheit einen negativen Effekt, der signifikant ist (r = −0,127, p = 0,013). Die Annahme, dass es einen Zusammenhang gibt, kann durch diese Daten bestätigt werden.

Der gemeinsame Besuch von Fort- und Weiterbildungen mit Kolleginnen und Kollegen zeigt keinen signifikanten Zusammenhang mit der Berufszufriedenheit (r = −0,070, p = 0,174).

Aussagen zur Neigung zum Besuch von neuen und innovativen Fort- und Weiterbildungsveranstaltungen und zur eigenen Planung von Lehrveranstaltungen, zeigen einen schwachen positiven Zusammenhang, der auch hoch signifikant ist (r = 0,265, p < 0,001; r = 0,183, p < 0,001).

Keine Teilnahme an Fort- und Weiterbildungen, sowie eine Teilnahmeverpflichtung zeigen einen negativen Zusammenhang mit der Berufszufriedenheit. Die örtliche Nähe zu Fort- und Weiterbildungsveranstaltungen und die Teilnahme von Kolleginnen und Kollegen haben nach diesen Daten keinen Einfluss auf die Berufszufriedenheit. Das Interesse an innovativen Fortbildungsveranstaltungen und das Interesse selbst Lehrveranstaltungen zu planen, hat eine positive Wirkung auf berufszufriedene Lehrpersonen.

9.5.6 Zusammenhang Berufszufriedenheit und Wunsch nach alternativen Formen von Fort- und Weiterbildungsveranstaltungen

Fünf alternative Formen von Fort- und Weiterbildungen stehen bei dieser Frage zur Auswahl. Die Frage lautet, wie hängt der Wunsch nach alternativen Formen von Fort- und Weiterbildungsveranstaltungen mit der Berufszufriedenheit von Lehrpersonen der niederösterreichischen Volksschule zusammen?

Der Zusammenhang wird in Tabelle 26 dargestellt und beantwortet.

Tabelle 26: Korrelation Berufszufriedenheit und alternative Formen von Fort- und Weiterbildung

Item: Welche der folgenden Möglichkeiten würden Sie gerne vermehrt in Anspruch nehmen?	Hypothese	r	p
Mentoring	$\rho \neq 0$	+0,138**	0,009
Reflexionsmöglichkeiten	$\rho \neq 0$	+0,210**	< 0,001
Selbstorganisierte Fortbildungen	$\rho \neq 0$	+0,068	0,193
Onlineangebote	$\rho \neq 0$	+0,056	0,277
Professional Learning Communities	$\rho \neq 0$	+0,275**	< 0,001

* $p < 0,05$; ** $p < 0,01$; *** $p < 0,001$

Der Zusammenhang zwischen der Berufszufriedenheit und Onlineangeboten wie auch selbstorganisierten Fort- und Weiterbildungsveranstaltungen ist zwar nicht ungleich Null, dennoch gemäß Cohen (1992) weniger als schwach und auch nicht signifikant ($r = 0,056$, $p = 0,277$; $r = 0,068$, $p = 0,193$).

Der Wunsch nach mehr Mentoring zeigt einen schwachen positiven Zusammenhang, der auch sehr signifikant ist ($r = 0,138$, $p = 0,009$).

Der Wunsch nach mehr Reflexionsmöglichkeiten und Professional Learning Communities korreliert schwach, aber hoch signifikant mit der Berufszufriedenheit ($r = 0,210$, $p < 0,001$; $r = 0,275$, $p < 0,001$).

Mentoring, Reflexionsmöglichkeiten und Professional Learning Communities sind Fort- und Weiterbildungsveranstaltungen, die ein hohes Ausmaß an kollegialem Austausch beinhalten. Dieser kollegiale Austausch hängt gemäß diesen Daten mit der Berufszufriedenheit von Lehrpersonen in der niederösterreichischen Volksschule eng zusammen.

9.6 Fragestellungen zum Dienstalter

In Kapitel 9.6.1 wird ein Boxplot mit einer Übersicht der Ergebnisse dargestellt. In den Kapiteln 9.6.2 bis 9.6.6 werden Zusammenhänge zwischen dem Dienstalter mit den Fragestellungen zur Fort- und Weiterbildung mittels der in Kapitel 8.6 beschriebenen Spearmans Rangkorrelation erkundet. Die Darstellungen in den Tabellen folgen dabei dem Muster, dass die jeweilige Fragestellung angeführt wird, weiters der Korrelationskoeffizient r, die Signifikanz (p) und eine vermutete Annahme, die aus der Literatur abgeleitet wird. Die Hypothesen in Spalte 2 (Alternativhypothesen im Sinne des statistischen Testens) beziehen sich auf den Korrelationskoeffizienten ρ in der Gesamtheit von Lehrpersonen in niederösterreichischen Volksschulen. Die Werte in Spalte 3 geben den Korrelationskoeffizienten r in der Stichprobe zusammen mit der Signifikanz wieder. Spalte 4 zeigt den auf die jeweilige Hypothese bezogenen p-Wert.

9.6.1 Zusammenhang Dienstalter und Anzahl der besuchten Unterrichtseinheiten von Fort- und Weiterbildungen

Die Frage 8, wie die Anzahl der besuchten Unterrichtseinheiten von Fort- und Weiterbildungen mit dem Dienstalter von Lehrpersonen in der niederösterreichischen Volksschule zusammenhängt, wird mittels einer Häufigkeitstabelle, einem Boxplot und einer Korrelationsanalyse beantwortet.

Tabelle 27: Häufigkeit Dienstalter in Kategorien

Häufigkeitstabelle Dienstalter		Häufigkeit	Prozent	Kumulierte Prozente
Gültig	1–3 Dienstjahr	42	10,6	10,6
	4–6 Dienstjahr	45	11,3	22,0
	7–18 Dienstjahr	95	23,9	46,0
	19–30 Dienstjahr	116	29,1	75,3
	31–45 Dienstjahr	98	24,6	100,0
	Gesamt	396	99,5	
Fehlend	fehlender Wert	2	0,5	
Gesamt		398	100,0	

32,6 % der teilnehmenden Lehrpersonen befinden sich in den ersten sechs Dienstjahren. Die größte Gruppe machen die Lehrpersonen vom neunzehnten bis zum dreißigsten Dienstjahr aus.

Abbildung 11: Boxplot Dienstalter und Unterrichtseinheiten

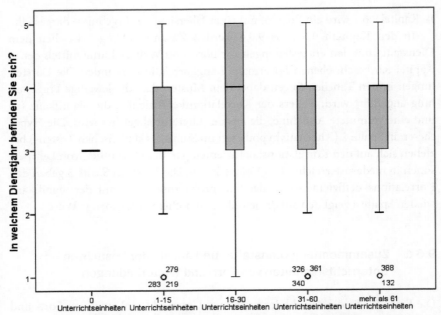

Der Boxplot zeigt, dass es unter den jeweiligen Alterskategorien zwar Unterschiede gibt, aber lässt keine Tendenz erkennen.

Tabelle 28: Korrelation Dienstalter und besuchte Unterrichtseinheiten in der Fort- und Weiterbildung

Dienstalter und besuchte Unterrichtseinheiten	Hypothese	r	p
besuchte Unterrichtseinheiten	ρ ≠ 0	−0.009	0,868

* p < 0,05; ** p < 0,01; *** p < 0,001

Die Korrelationsanalyse nach Spearman zeigt keinen zusammenhängenden Effekt nach Cohen (1992) und auch keine Signifikanz zwischen dem Dienstalter und der Häufigkeit der besuchten Unterrichtseinheiten in der Fort- und Weiterbildung. Die Hypothese, dass es einen Zusammenhang gibt kann durch die vorliegenden Daten verworfen werden. Das Dienstalter von Lehrpersonen in der niederösterreichischen Volksschule hat diesen Daten folgend keine Bedeutung für die Häufigkeit der besuche von Fort- und Weiterbildungsveranstaltungen.

9.6.2 Zusammenhang Dienstalter und Neigung zu bestimmten Dauern und zeitlichen Organisationformen von Fort- und Weiterbildungsveranstaltungen

Gibt es einen Zusammenhang zwischen dem Dienstalter und der Neigung zu bestimmten Organisationsformen und Dauern von Fort- und Weiterbildungen? In Kapitel 9.5.2 wurde der Zusammenhang der Organisation und Dauer mit der Berufszufriedenheit beschrieben, dieser war hoch signifikant mit zunehmender Dauer der Veranstaltungen. Im Kontext des lebenslangen Lernens, hier am Dienstalter festgemacht, soll dieser Zusammenhang auch erkundet werden. Dieser Zusammenhang wurde in der Befragung mit Items zu Dauern und Organisationsformen von Fort- und Weiterbildungsveranstaltungen und der Frage nach dem Dienstalter bearbeitet. Tabelle 29 zeigt die Ergebnisse.

Tabelle 29: Korrelation Dienstalter und Organisation der Fort- und Weiterbildung

Item: Wählen Sie in Ihrer aktuellen beruflichen Situation bevorzugt...	Hypothese	r	p
... eintägige Fortbildungsveranstaltungen?	ρ ≠ 0	+0,060	0,241
...mehrtägige Veranstaltungsreihen?	ρ ≠ 0	+0,096	0,071
... Lehrgänge im Zeitrahmen von 1–2 Semestern?	ρ ≠ 0	−0,074	0,164
... Online-Fortbildungen?	ρ ≠ 0	−0,100	0,059

* p < 0,05; ** p < 0,01; *** p < 0,001

Diese vier Items zur Dauer von Fort- und Weiterbildungen zeigen nur einen minimalen Zusammenhang, allerdings keinen, der nach Cohen (1992) als schwach, mittel oder stark ausgewiesen wird. Signifikanzen zeigen sich ebenso keine. Die Hypothese, dass es einen Zusammenhang zwischen der Dauer und Organisation von Fort- und Weiterbildungsveranstaltungen gibt und dem Dienstalter, kann somit verworfen werden.

9.6.3 Zusammenhang Dienstalter und Inhalt von besuchten Fort- und Weiterbildungsveranstaltungen

Wie hängt der Inhalt von besuchten Fort- und Weiterbildungsveranstaltungen mit dem Dienstalter von Lehrpersonen in der niederösterreichischen Volksschule zusammen?

Aufgrund der unterschiedlichen dienstlichen Ansprüche über das Dienstalter von Lehrpersonen hinweg kann vermutet werden, dass es einen Zusammenhang zwischen dem Dienstalter und den Inhalten von Fort- und Weiterbildungsveranstaltungen gibt. In Kapitel 6 werden diese unterschiedlichen Ansprüche erläutert. In Tabelle 30 werden die Daten aus der Erhebung zu dieser Thematik dargestellt.

Tabelle 30: Korrelation Dienstalter und Inhalt von Fort- und Weiterbildungen

Item: Sie wählen Ihre Fort- und Weiterbildungen vorwiegend um ...	Hypothese	r	p
... Ihre Fachkompetenz zu verbessern.	$\rho \neq 0$	+0,059	0,251
... Ihre Persönlichkeit weiter zu entwickeln.	$\rho \neq 0$	−0,015	0,778
... Ihre Methodenkompetenz zu erweitern.	$\rho \neq 0$	+0,004	0,936
... Ihre Fachkompetenz zu verbessern.	$\rho \neq 0$	+0,059	0,251

* $p < 0,05$; ** $p < 0,01$; *** $p < 0,001$

Die Vermutung, dass es einen Zusammenhang zwischen der Neigung zu bestimmten Inhalten von Fort- und Weiterbildungen und dem Dienstalter gibt, kann mittels dieser Daten nicht bestätigt werden. Die Korrelation ist zwar ungleich Null, dennoch nach Cohen (1992) nicht einmal schwach. Keiner dieser Korrelationskoeffizienten zeigt eine Signifikanz.

9.6.4 Zusammenhang Dienstalter und Art von besuchten Fort- und Weiterbildungsveranstaltungen

Wie hängt die Art von besuchten Fort- und Weiterbildungsveranstaltungen zusammen mit dem Dienstalter von Lehrpersonen in der niederösterreichischen Volksschule?

Die in Kapitel 6 angeführten Entwicklungsmodelle von Lehrpersonen lassen darauf schließen, dass es mit unterschiedlichem Dienstalter auch unterschiedliche Neigungen zu Arten von Fort- und Weiterbildungen von Lehrpersonen gibt. So kann vermutet werden, dass Erweiterungs- und Aufstiegsfortbildungen mit dem Dienstalter stärker korrelieren. Erhaltungs- und Anpassungsfortbildungen sind für alle Dienstaltersgruppen geeignet und daher wird hier keine große Korrelation vermutet. Tabelle 31 (nächste Seite) zeigt die Ergebnisse der Erhebung zu diesen Vermutungen.

Die Hypothese, dass der Zusammenhang zwischen Grad der Neigung zu Anpassungsfort- und Weiterbildungen und dem Dienstalter sehr gering ist, kann hier nicht bestätigt werden. Nur bei diesem Item zeigt sich nach Cohen (1992) ein schwacher Zusammenhang, der sehr signifikant ist ($r = 0,138$, $p = 0,007$). Alle drei weiteren Arten von Fort- und Weiterbildungsveranstaltungen zeigen keinen signifikanten Zusammenhang mit dem Dienstalter. Die Hypothesen, dass Erweiterungs- und Aufstiegsfortbildungen mit dem Dienstalter positiv zusammenhängen, können nicht bestätigt werden.

Tabelle 31: Korrelation Dienstalter und Art der Fort- und Weiterbildung

Item: In Ihrer derzeitigen beruflichen Situation wählen Sie vorwiegend …	Hypothese	r	p
… Erhaltungsfort- und Weiterbildungen.	$\rho \neq 0$	+0,009	0,854
… Anpassungsfort- und Weiterbildungen.	$\rho \neq 0$	+0,138**	0,007
… Erweiterungsfort- und Weiterbildungen.	$\rho > 0$	−0,080	0,120
… Aufstiegsfort- und Weiterbildungen.	$\rho > 0$	+0,065	0,206

* $p < 0,05$; ** $p < 0,01$; *** $p < 0,001$

9.6.5 Zusammenhang Dienstalter und Interesse an Fort- und Weiterbildungsveranstaltungen

Die Items zum Interesse an Fort- und Weiterbildungen sind nicht wie andere Themen in dieser Untersuchung erschöpfend. Sie stellen lediglich eine Auswahl dar und werden herangezogen, um folgende Frage zu klären: Wie hängt das Interesse an Fort- und Weiterbildungsveranstaltungen mit dem Dienstalter von Lehrpersonen in der niederösterreichischen Volksschule zusammen? Nach den in Kapitel 6 angeführten Entwicklungsmodellen kann vermutet werden, dass das Dienstalter mit der Neigung zum Besuch von innovativen Veranstaltungen bzw. auch mit der Neigung, selbst Fort- und Weiterbildungsveranstaltungen zu planen, zusammenhängt. Tabelle 32 (nächste Seite) zeigt zu den möglichen Zusammenhängen von Dienstalter und Interesse an Fort- und Weiterbildungen die Ergebnisse dieser Untersuchung.

Die Inhalte der beiden Aussagen, dass an Fort- und Weiterbildungen nur teilgenommen wird, wenn man dazu verpflichtet wird, zeigen nach Cohen (1992) einen negativen Zusammenhang mit dem Dienstalter. Schwach, nach Cohen (1992), und hoch signifikant ist dieser Zusammenhang bei dem Item, ich nehme nur an Fort- und Weiterbildungsveranstaltungen teil, wenn ich muss ($r = -0,172$, $p < 0,001$). Je älter eine Lehrperson ist, desto weniger trifft es zu, dass sie zu Veranstaltungen verpflichtet werden muss, da sie es vermutlich von sich aus tun. Die Annahme, dass ein verpflichteter Besuch von Fort- und Weiterbildungsveranstaltungen einen Zusammenhang mit dem Dienstalter hat kann aufgrund dieser Daten bestätigt werden.

Die Option, an keinen Fort- und Weiterbildungsveranstaltungen teilzunehmen, wird hier nicht diskutiert, da es wie in Tabelle 20 dargestellt wird, nur eine Nennung gab, der an keinen Fort- und Weiterbildungen teilnimmt.

Tabelle 32: Korrelation Dienstalter und Interesse an Fort- und Weiterbildung

Item: Welche Aussagen treffen auf Sie zu?	Hypothese	r	p
Ich bin immer auf der Suche nach neuen und innovativen Fort- und Weiterbildungsmöglichkeiten.	ρ > 0	−0,118	0,022
Ich nehme vorwiegend an Fort- und Weiterbildungen in meiner Umgebung teil.	ρ ≠ 0	−0,031	0,546
Ich nehme vorwiegend an Fort- und Weiterbildungen teil, wenn Kollegen oder Kolleginnen auch mitkommen.	ρ ≠ 0	−0,131*	0,011
Ich nehme nur an Fort- und Weiterbildungen teil, wenn ich muss.	ρ ≠ 0	−0,172**	< 0,001
Ich nehme nur an Fort- und Weiterbildungen teil, wenn mir meine Vorgesetzten dies vorschreiben.	ρ ≠ 0	−0,050	0,335
Ich nehme an keinen Fort- und Weiterbildungen teil.	ρ ≠ 0	0,000	0,996
Ich plane und halte gerne selber Fortbildungen.	ρ > 0	+0,194**	< 0,001

* p < 0,05; ** p < 0,01; *** p < 0,001

Die Neigung zum Besuch von Fort- und Weiterbildungen in der örtlichen Nähe zum Wohn- oder Dienstort der Lehrperson zeigt in Korrelation mit dem Dienstalter keinen signifikanten Effekt (r = −0,031, p = 0,546). Die Annahme, dass es einen Zusammenhang gibt, kann durch diese Daten nicht bestätigt werden.

Der gemeinsame Besuch von Fort- und Weiterbildungen mit Kolleginnen und Kollegen zeigt einen schwachen negativen und sehr signifikanten Zusammenhang mit dem Dienstalter (r = −0,131, p = 0,011).

Aussagen zur Neigung zum Besuch von neuen und innovativen Fort- und Weiterbildungsveranstaltungen zeigen einen schwachen negativen Zusammenhang, der auch signifikant ist (r = −0,118, p < 0,022).

Die Neigung eigene Lehrveranstaltungen selbst planen zu wollen, zeigt einen schwachen positiven Zusammenhang mit dem Dienstalter, der auch hoch signifikant ist (r = 0,194, p < 0,001). Die Hypothese, dass es mit zunehmendem Dienstalter einen Zusammenhang mit der Initiative gibt, selber Fort- und Weiterbildungsveranstaltungen planen zu wollen, kann diesen Daten entsprechend bestätigt werden.

9.6.6 Zusammenhang Dienstalter und Wunsch nach alternativen Formen von Fort- und Weiterbildungsveranstaltungen

Wie und ob das Dienstalter mit der Wahl von alternativen Formen von Fort- und Weiterbildungsveranstaltungen zusammenhängt soll in diesem Kapitel untersucht werden. Tabelle 33 fasst die Ergebnisse zusammen.

Tabelle 33: Korrelation Dienstalter und alternative Formen von Fort- und Weiterbildung

Item: Welche der folgenden Möglichkeiten würden Sie gerne vermehrt in Anspruch nehmen?	Hypothese	r	p
Mentoring	ρ ≠ 0	−0,154**	0,003
Reflexionsmöglichkeiten	ρ ≠ 0	+0,027	0,600
Selbstorganisierte Fortbildungen	ρ ≠ 0	+0,012	0,818
Onlineangebote	ρ ≠ 0	−0,141**	0,006
Professional Learning Communities	ρ ≠ 0	−0,082	0,118

* p < 0,05; ** p < 0,01; *** p < 0,001

Der Wunsch nach mehr Mentoring zeigt nach Cohen (1992) einen schwachen negativen Zusammenhang, der sehr signifikant ist (r = −0,154, p = 0,003). Was bedeutet, dass der Wunsch nach Mentoring bei dienstjüngeren Lehrpersonen höher ist und mit zunehmendem Dienstalter abnimmt.

Der Zusammenhang zwischen dem Dienstalter und dem Wunsch nach Onlineangeboten zeigt einen schwachen negativen Effekt, der sehr signifikant ist (r = −0,141 p = 0,006).

Der Zusammenhang zwischen dem Dienstalter und dem Wunsch nach Onlineangeboten wie auch selbstorganisierten Fort- und Weiterbildungsveranstaltungen ist zwar nicht ungleich Null, dennoch gemäß Cohen (1992) weniger als schwach und auch nicht signifikant (r = 0,056, p = 0,277; r = 0,068, p = 0,193).

Der Wunsch nach mehr Reflexionsmöglichkeiten, Professional Learning Communities und selbstorganisierten Fort- und Weiterbildungsveranstaltungen korreliert nicht relevant mit dem Dienstalter.

Reflexionsmöglichkeiten und Professional Learning Communities sind Fort- und Weiterbildungsveranstaltungen, die ein hohes Ausmaß an kollegialem Austausch beinhalten. Dieser kollegiale Austausch hängt gemäß diesen Daten und wie in Kapitel 9.5.6 gezeigt wird, mit der Berufszufriedenheit von Lehrpersonen zusammen nicht aber mit dem Dienstalter.

9.7 Wunsch nach alternativen Formen von Fort- und Weiterbildung

Die Wünsche nach alternativen Formen von Fort- und Weiterbildungsveranstaltungen werden in der folgenden Häufigkeitstabelle dargestellt. Hier soll die Frage diskutiert werden, welche alternativen Formen von Fort- und Weiterbildungen würden Volksschullehrpersonen gerne vermehrt in Anspruch nehmen?

Mit einem Mittelwert von 2,89 und einer Standardabweichung 0,962 ist der Wunsch nach vermehrten Reflexionsmöglichkeiten jener mit der höchsten Zustimmung über alle Dienstaltersgruppen hinweg. Der Wunsch nach mehr Mentoring folgt diesem an zweiter Stelle mit einem Mittelwert von 2,73 und einer Standardabweichung von 0,979. Die Neigung zu Onlineangeboten erhält unter diesen fünf alternativen Formen von Fort- und Weiterbildungsmöglichkeiten die geringste Zustimmung.

Tabelle 34: Häufigkeiten Alternative Formen der Fort- und Weiterbildung

Häufigkeiten: Alternative Formen der Fort- und Weiterbildung: Welche der folgenden Möglichkeiten würde Sie gerne vermehrt in Anspruch nehmen?					
Angaben in % N 398	Mentoring	Reflexionsmöglichkeiten	Selbstorganisierte Fortbildungen	Onlinefortbildungen	PLC
Stimme nicht zu	11,6	9,5	18,8	30,9	25,1
Stimme weniger zu	25,9	20,4	30,2	27,4	27,9
Stimme eher zu	31,9	34,7	27,9	18,6	25,6
Stimme völlig zu	23,6	28,9	16,6	17,1	13,6
Gesamt	93,0	93,5	93,5	94,0	92,2
fehlender Wert	7,0	6,5	6,5	6,0	7,8
Prozent	100 %	100 %	100 %	100 %	100 %
Mittelwert	2,73	2,89	2,45	2,23	2,30
Standardabweichung	0,979	0,962	1,004	1,097	1,026

9.8 Zusammenfassung der empirischen Auswertungen

Die zuvor ausführlich beschriebenen Ergebnisse sollen hier noch einmal übersichtlich dargestellt werden, bevor in Kapitel 10 die zentralen Forschungsfragen beantwortet werden.

Folgende Zusammenhänge galt es zu erkunden:

- Zusammenhang zwischen Berufszufriedenheit und Dienstalter
- Zusammenhang von Berufszufriedenheit und Neigung zu Fort- und Weiterbildungsveranstaltungen
- Zusammenhang zwischen Dienstalter und Fort- und Weiterbildungsveranstaltungen.

Zum Zusammenhang von Berufszufriedenheit und Dienstalter von Lehrpersonen lässt sich folgendes zusammenfassen:

Entgegen den Annahmen aus der Theorie wird in dieser Untersuchung kein signifikanter Zusammenhang zwischen Berufszufriedenheit und Dienstalter unter Lehrpersonen in der niederösterreichischen Volksschule sichtbar, wie Tabelle 35 zeigt.

Tabelle 35: Übersicht Korrelation Berufszufriedenheit und Dienstalter

Berufszufriedenheit und Dienstalter	r	p
Korrelation Berufszufriedenheit und Dienstalter	0,054	0,292

* $p < 0,05$; ** $p < 0,01$; *** $p < 0,001$

Damit reiht sich auch diese Untersuchung zu diesem Zusammenhang in aktuelle Untersuchungsergebnisse, wie in Kapitel 6.7 angeführt.

Zum Zusammenhang von Berufszufriedenheit und Besuch von Fort- und Weiterbildungsveranstaltungen von Lehrpersonen in der niederösterreichischen Volksschule zeigt Tabelle 36 (nächste Seite) eine Übersicht aller Ergebnisse.

Die Anzahl der besuchten Unterrichtseinheiten von Fort- und Weiterbildungsveranstaltungen hängt positiv und hoch signifikant mit der Berufszufriedenheit zusammen.

Zwischen Berufszufriedenheit und der Dauer und Organisation von Fort- und Weiterbildungsveranstaltungen konnte ein signifikanter positiver Zusammenhang festgestellt werden. Fort- und Weiterbildungen, die über mehrere Semester dauern, hängen hoch signifikant stärker mit der Berufszufriedenheit zusammen als eintägige Lehrveranstaltungen, die sogar einen signifikant negativen Zusammenhang zeigen. Hingegen zeigen mehrtägige Veranstaltungsreihen keinen signifikanten Zusammenhang mit der Berufszufriedenheit.

Beim Zusammenhang zwischen Berufszufriedenheit und den Inhalten von Fort- und Weiterbildungen bestehen signifikante und hoch signifikante positive Korrelationen allerdings in allen drei möglichen inhaltlichen Kategorien. Am deutlichsten ist dieser Zusammenhang bei Fort- und Weiterbildungsveranstaltungen, die dazu dienen, die Fachkompetenz zu erweitern und zu verbessern.

Wenn es um einen Zusammenhang zwischen Berufszufriedenheit und der Art von Fort- und Weiterbildungen geht, so zeigen Erweiterungsfort- und Weiterbildungen und Aufstiegsfort- und Weiterbildungen hoch signifikante positive Zusammenhänge. Anpassungsfort- und Weiterbildungen zeigen keinen Zusammenhang, Erhaltungsfort- und Weiterbildungen nur einen geringen.

Bei den Items zum Interesse an Fort- und Weiterbildungen und deren Zusammenhang mit Berufszufriedenheit lässt sich sagen, dass jede Art der Verpflichtung zum Besuch von Fort- und Weiterbildungen einen hoch signifikanten negativen Zusammenhang mit Berufszufriedenheit ausweist. Dies ist auch beim Item ‚ich nehme an keinen Fort- und Weiterbildungen teil', deutlich zu erkennen. Der Besuch von Fort- und Weiterbildungen in der näheren Umgebung, aber auch mit Kolleginnen und Kollegen zeigt keinen signifikanten Zu-

Tabelle 36: Übersicht Korrelationen Berufszufriedenheit und Fort- und Weiterbildung

Korrelationen zur Berufszufriedenheit	r	p
Korrelation Berufszufriedenheit und besuchte Unterrichtseinheiten in der Fort- und Weiterbildung	0,292**	< 0,001
Korrelation Berufszufriedenheit und Dauer und Organisation von Fort- und Weiterbildungsveranstaltungen		
Wählen Sie in Ihrer aktuellen beruflichen Situation bevorzugt…		
… eintägige Fortbildungsveranstaltungen?	−0,161**	0,002
… mehrtägige Veranstaltungsreihen?	+0,100	0,600
… Lehrgänge im Zeitrahmen von 1–2 Semestern?	+0,262***	< 0,001
… Lehrgänge, die länger dauern als 2 Semester?	+0,309***	< 0,001
… Online-Fortbildungen?	−0,045	0,394
Korrelation Berufszufriedenheit und Inhalt von Fort- und Weiterbildungen		
Sie wählen Ihre Fort- und Weiterbildungen vorwiegend um …		
… Ihre Fachkompetenz zu verbessern.	+0,254**	< 0,001
… Ihre Persönlichkeit weiter zu entwickeln.	+0,157**	0,002
… Ihre Methodenkompetenz zu erweitern.	+0,176**	< 0,001
Korrelation Berufszufriedenheit und Art der Fort- und Weiterbildung		
In Ihrer derzeitigen beruflichen Situation wählen Sie vorwiegend …		
… Erhaltungsfort- und Weiterbildungen.	+0,146**	0,004
… Anpassungsfort- und Weiterbildungen.	+0,063	0,220
… Erweiterungsfort- und Weiterbildungen.	+0,180**	< 0,001
… Aufstiegsfort- und Weiterbildungen.	+0,310**	< 0,001
Korrelation Berufszufriedenheit und Interesse an Fort- und Weiterbildung		
Ich bin immer auf der Suche nach neuen und innovativen Fort- und Weiterbildungsmöglichkeiten.	+0,265**	< 0,001
Ich nehme vorwiegend an Fort- und Weiterbildungen in meiner Umgebung teil.	−0,127*	0,013
Ich nehme vorwiegend an Fort- und Weiterbildungen teil, wenn Kollegen oder Kolleginnen auch mitkommen.	−0,070	0,174
Ich nehme nur an Fort- und Weiterbildungen teil, wenn ich muss.	−0,311**	< 0,001
Ich nehme nur an Fort- und Weiterbildungen teil, wenn mir meine Vorgesetzten dies vorschreiben.	−0,324**	< 0,001
Ich nehme an keinen Fort- und Weiterbildungen teil.	−0,224**	< 0,001
Ich plane und halte gerne selber Fortbildungen.	+0,183**	< 0,001
Korrelation Berufszufriedenheit und alternative Formen von Fort- und Weiterbildung		
Mentoring	+0,138**	0,009
Reflexionsmöglichkeiten	+0,210**	< 0,001
Selbstorganisierte Fortbildungen	+0,068	0,193
Onlineangebote	+0,056	0,277
Professional Learning Communities	+0,275**	< 0,001

* $p < 0,05$; ** $p < 0,01$; *** $p < 0,001$

Tabelle 37: Übersicht Korrelationen Dienstalter und Fort- und Weiterbildung

Korrelationen zum Dienstalter	r	p
Korrelation Dienstalter und besuchte Unterrichtseinheiten in der Fort- und Weiterbildung	−0.009	0,868
Korrelation Dienstalter und Dauer und Organisation von Fort- und Weiterbildungsveranstaltungen		
Wählen Sie in Ihrer aktuellen beruflichen Situation bevorzugt...		
... eintägige Fortbildungsveranstaltungen?	+0,060	0,241
... mehrtägige Veranstaltungsreihen?	+0,096	0,071
... Lehrgänge im Zeitrahmen von 1–2 Semestern?	−0,074	0,164
... Online-Fortbildungen?	−0,100	0,059
Korrelation Dienstalter und Inhalt von Fort- und Weiterbildungen		
Sie wählen Ihre Fort- und Weiterbildungen vorwiegend um ...		
... Ihre Fachkompetenz zu verbessern.	+0,059	0,251
... Ihre Persönlichkeit weiter zu entwickeln.	−0.015	0,778
... Ihre Methodenkompetenz zu erweitern.	+0,004	0,936
Korrelation Dienstalter und Art der Fort- und Weiterbildung		
In Ihrer derzeitigen beruflichen Situation wählen Sie vorwiegend ...		
... Erhaltungsfort- und Weiterbildungen.	+0,009	0,854
... Anpassungsfort- und Weiterbildungen.	+0,138**	0,007
... Erweiterungsfort- und Weiterbildungen.	−0,080	0,120
... Aufstiegsfort- und Weiterbildungen.	+0,065	0,206
Korrelation Dienstalter und Interesse an Fort- und Weiterbildung		
Ich bin immer auf der Suche nach neuen und innovativen Fort- und Weiterbildungsmöglichkeiten.	−0,118	0,022
Ich nehme vorwiegend an Fort- und Weiterbildungen in meiner Umgebung teil.	−0,031	0,546
Ich nehme vorwiegend an Fort- und Weiterbildungen teil, wenn Kollegen oder Kolleginnen auch mitkommen.	−0,131*	0,011
Ich nehme nur an Fort- und Weiterbildungen teil, wenn ich muss.	−0,172**	< 0,001
Ich nehme nur an Fort- und Weiterbildungen teil, wenn mir meine Vorgesetzten dies vorschreiben.	−0,050	0,335
Ich nehme an keinen Fort- und Weiterbildungen teil.	0,000	0,996
Ich plane und halte gerne selber Fortbildungen.	+0,194**	< 0,001
Korrelation Dienstalter und alternative Formen von Fort- und Weiterbildung		
Mentoring	−0,154**	0,003
Reflexionsmöglichkeiten	+0,027	0,600
Selbstorganisierte Fortbildungen	+0,012	0,818
Onlineangebote	−0,141**	0,006
Professional Learning Communities	−0,082	0,118

* p < 0,05; ** p < 0,01; *** p < 0,001

sammenhang mit der Berufszufriedenheit. Selbst Fortbildungen zu planen oder zu halten hängt wiederum signifikant positiv mit Berufszufriedenheit zusammen. Der deutlichste signifikante positive Zusammenhang mit Berufszufriedenheit wird bei der Suche nach innovativen Fort- und Weiterbildungen sichtbar.

Zum Zusammenhang zwischen Berufszufriedenheit und dem Besuch von alternativen Formen von Fort- und Weiterbildungen kann festgestellt werden, dass Onlineangebote keinen signifikanten Zusammenhang zeigen. Die alternative Form der Fort- und Weiterbildung Mentoring zeigt einen positiven Zusammenhang, der allerdings nicht signifikant ist. Ein deutlicher signifikanter und positiver Zusammenhang lässt sich bei den alternativen Fort- und Weiterbildungsformen Professional Learning Communities (PLC) und den sogenannten Reflexionsmöglichkeiten feststellen. Bei PLCs liegt dieser sogar noch höher.

Zum Zusammenhang zwischen Dienstalter und Fort- und Weiterbildungsveranstaltungen sind in Tabelle 37 (vorherige Seite) alle Ergebnisse aus den vorangegangenen Auswertungen zusammengefasst.

Zusammenhänge zwischen Dienstalter und Neigungen zu Fort- und Weiterbildungen sind mittels dieser Untersuchung unter niederösterreichischen Lehrpersonen der Volksschule nur sehr spärlich sichtbar geworden.

Ein hoch signifikanter negativer Zusammenhang ließ sich nur bei verpflichtenden Teilnahmen an Fort- und Weiterbildungen ausmachen, ein hoch signifikanter positiver Zusammenhang nur bei der selbstständigen Planung und Abhaltung von Fortbildungen. Alle weiteren Items zeigen zwar unterschiedliche Zusammenhänge mit dem Dienstalter, aber keine nennenswerte Signifikanz in diesen Zusammenhängen.

9.9 Methodenkritik

In Kapitel 9 wurden die Ergebnisse der empirischen Untersuchungen dargestellt. Sie sollen hier noch um einige kritische Anmerkungen hinsichtlich der Untersuchungsmethodik ergänzt werden.

Die Rücklaufquote der Befragung mit einem N von 394 reicht aus, um verlässliche Berechnungen anzustellen, auch eine Repräsentativität der Untersuchung ist gegeben, dennoch ließe sich das N durch zusätzliche Maßnahmen noch erhöhen. So wurde zum Beispiel kein Erinnerungsemail versandt.

Das anfangs geplante methodische Messverfahren der multiplen Regressionsanalyse wurde aufgrund der Unübersichtlichkeit der Ergebnisse verworfen und stattdessen eine Rangkorrelationsanalyse nach Spearman gewählt. Die multiple Regressionsanalyse hätte den Vorteil gehabt, den Parameter mit dem größten Einfluss auf die abhängigen Variablen Dienstalter und Berufszufriedenheit festzustellen.

Die Rangkorrelationsanalyse nach Spearman lässt es zu, einzelne Items auf einen Zusammenhang mit entweder der Berufszufriedenheit oder dem Dienstalter zu überprüfen. Die Darstellung der Ergebnisse wird dadurch übersichtlich strukturiert und hat darüber hinaus auch mehr Aussagekraft, da jeder Parameter für sich alleine untersucht wird.

Die Items im Fragebogen (siehe Online-Anhang) wurden mit einer Skala mit vier Auswahlmöglichkeiten (trifft sehr zu, trifft eher zu, trifft weniger zu, trifft nicht zu) gestaltet. Eine mittlere Kategorie könnte bei einer weiteren Untersuchung angedacht werden, um die Möglichkeit einzuräumen, eine neutrale Position einzunehmen.

Im Nachhinein kann auch die Empfehlung gegeben werden, bei etwaigen nachfolgenden Untersuchungen zu diesem Thema eine Frage zur Tätigkeit einer Lehrperson in der Schule zu stellen, da es durchaus Unterschiede machen könnte, ob jemand zum Beispiel als Schulleiter/in oder als Stützlehrer/in, Klassenvorständin oder Klassenvorstand tätig ist. Diese und weitere Funktionen in der Schule könnten Einfluss auf das Fort- und Weiterbildungsverhalten von Lehrpersonen haben und so zur Klärung dieser Fragestellung noch spezifischere Ergebnisse liefern.

Schriftliche Erhebungsinstrumente bergen die Gefahr von Antwortverzerrungen. Diese reichen von sozialer Erwünschtheit (Welche Antwort will die Forscherin/der Forscher hören?), Zustimmungstendenz (Zustimmung ohne Bezug zum Frageinhalt) und Response-Set (Tendenz zur Mitte) bis hin zu Antwortverweigerung, Meinungslosigkeit (Raithel, 2008, S. 81 f.). In vorliegender Arbeit ist versucht worden, diese Tendenzen weitgehend zu kontrollieren bzw. ihnen durch die Gestaltung des Fragebogens gezielt entgegenzuwirken, zum Beispiel durch klare Instruktionen oder Anonymität. Bei einer Betrachtung der Datenlage kann weder eine Tendenz zur Mitte noch Antwortverweigerung beobachtet werden.

Trotz der großen Probandinnen- und Probandenanzahl kann kein Anspruch auf Allgemeingültigkeit erhoben werden. Die Ergebnisse beziehen sich ausschließlich auf die durchgeführte Untersuchung und deren regionaler und thematischer Einschränkung.

10. Beantwortung der zentralen Forschungsfragen

In diesem Kapitel werden die zentralen Forschungsfragen, in Abgleich mit den theoretischen Annahmen aus Kapitel 2 bis 7 diskutiert und beantwortet.

Wie hängen die Berufszufriedenheit und das Dienstalter von Lehrpersonen der niederösterreichischen Volksschule mit der Teilnahme an Fort- und Weiterbildungsveranstaltungen zusammen?

Aus der zentralen Forschungsfrage wurden Unterfragen abgeleitet, die sich in folgende drei Abschnitte einteilen lassen:

1. Zusammenhang zwischen Berufszufriedenheit und Dienstalter
2. Zusammenhang von Berufszufriedenheit und Neigung zu Fort- und Weiterbildungsveranstaltungen
3. Zusammenhang zwischen Dienstalter und Fort- und Weiterbildungsveranstaltungen.

1. Beantwortung der Fragestellung nach dem Zusammenhang zwischen Berufszufriedenheit und Dienstalter:

Wie in Kapitel 3.1 und 6.7 angeführt, gibt es dazu in der Literatur unterschiedliche Befunde: Untersuchungen, die einen U-förmigen Verlauf der Zufriedenheit zeigen, aber auch Untersuchungen, die eine mit zunehmendem Dienstalter sinkende Berufszufriedenheit angeben. Am häufigsten wird allerdings ein positiver Zusammenhang eingeräumt, der darstellt, dass mit zunehmendem Dienstalter auch die Berufszufriedenheit zunimmt (Ammann, 2004; Merz, 1979; Schütz, 2003; Terhart, 1991). Ebenso belegt eine Studie von Dicke, Marsh, Parker, Guo, Riley & Waldeyer, (2019), dass die Berufszufriedenheit mit dem Arbeitsumfeld sowohl der Lehrpersonen als auch ihrer Schulleiter/innen hoch ist, wenn die Leistungen der Schüler/innen hoch sind. Auch die in Kapitel 6.1 bis 6.5 angeführten unterschiedlichen Entwicklungsmodelle von Lehrpersonen zeigen unterschiedliche Zufriedenheiten von Lehrpersonen.

Als Hauptgrund für berufliche Zufriedenheit wird meist das pädagogische Handeln angeführt (Bieri & Grunder, 1995; Merz, 1979). Worin die Gründe für Berufszufriedenheit liegen, war nicht Untersuchungsgegenstand dieser Forschungsarbeit, dennoch ein wesentliches Thema, da es die Frage zu klären galt, wofür Berufszufriedenheit generell wichtig ist.

Aufgrund der hier vorliegenden Ergebnisse kann zum Zusammenhang von Berufszufriedenheit und Dienstalter gesagt werden, dass keine Unterschiede in den jeweiligen Altersgruppen festgestellt werden konnten. Es zeigt sich aber, dass in allen Dienstaltersgruppen die Berufszufriedenheit, gemessen mit der verwendeten Skala, sehr hoch ausgeprägt ist.

Unter Berücksichtigung der in Kapitel 4.2 angeführten Wirkungen von zufriedenen Lehrpersonen, in welchem zum Beispiel Bromme und Haag (2008, S. 812) angeben, dass erfolgreicher Unterricht mit der Zufriedenheit von Lehrpersonen zusammenhängt, kann dieser Befund als erfreulich bewertet werden.

2. Beantwortung der Fragestellung nach dem Zusammenhang von Berufszufriedenheit und Neigung zu Fort- und Weiterbildungsveranstaltungen:

Wie in Kapitel 5.3 erläutert, beinhalten die Wirkungsmodelle von Lehrerfort- und Lehrerweiterbildung nach Zehetmeier die Hypothese, dass sich durch Lehrerfortbildung letztendlich Schülerleistungen verbessern (2014, S. 23). In Kapitel 5.2 und 5.3 werden Wirkungsmodelle der Fort- und Weiterbildung vorgestellt. Diese Wirkungsbeziehungen waren zwar nicht ursächlicher Gegenstand dieser Untersuchung, dennoch erscheinen sie wichtig Erwähnung zu finden, um mögliche Zusammenhänge zwischen Berufszufriedenheit und Fort- und Weiterbildung zu ergründen.

Wie schon mehrfach angeführt, hängen Leistungen von Schülerinnen und Schülern mit der Berufszufriedenheit von Lehrpersonen zusammen. In diesen Kontext wird auch der Zusammenhang von Berufszufriedenheit und Fort- und Weiterbildung gestellt. Den Theorien in Kapitel 4.3 und 4.4 von Maslow und Deci & Ryan folgernd führt lernen, sowohl bei Schülerinnen und Schülern, als auch bei Lehrpersonen zu einer Zunahme an Zufriedenheit.

Dieser Zusammenhang wird in dieser Untersuchung sehr deutlich bestätigt. Die Hypothese, dass ein Mehr an Fort- und Weiterbildung eine Zunahme der Berufszufriedenheit bedingt, kann als hoch signifikant ausgewiesen bestätigt werden. Egal um welche Inhalte es sich bei diesen Fort- und Weiterbildungen handelt, ob es darum geht, die eigene Fachkompetenz zu erhöhen, die Persönlichkeit weiter zu entwickeln oder die Methodenkompetenz zu erweitern, alle drei korrelieren positiv und signifikant mit der Berufszufriedenheit.

In diesem Kontext soll aber auch darauf hingewiesen werden, dass es in dieser Untersuchung nicht darum geht die Wirkung von Fort- und Weiterbildung zu erkunden, sondern lediglich darum, Zusammenhänge aufzudecken. Ob nun eine Fort- und Weiterbildung auf Berufszufriedenheit wirkt und in welcher Form, war nicht in der Fragestellung impliziert. Ob berufszufriedene Lehrpersonen zu einem Mehr an Fort- und Weiterbildung neigen, kann durch diese Untersuchung aber bestätigt werden und weist eine hoch signifikante Korrelation auf.

Beim Themenkomplex zum Besuch von alternativen Formen von Fort- und Weiterbildung lässt sich ein hoch signifikanter positiver Zusammenhang zwischen Berufszufriedenheit und Reflexionsmöglichkeiten sowie Professional Learning Communities erkennen. Daraus kann geschlossen werden, dass vor allem durch sozialen Austausch mit Kolleginnen und Kollegen über methodische, fachdidaktische und weitere Themen, die Berufszufriedenheit gefördert wird.

3. Beantwortung der Fragestellung nach dem Zusammenhang zwischen Dienstalter und Fort- und Weiterbildungsveranstaltungen:

In Kapitel 4.4 wird das Bewältigen beruflicher Anforderungen von Lehrpersonen, das sich häufig primär auf das Befriedigen persönlicher Bedürfnisse richtet mit einbezogen (Lamy, 2015). In der Rolle der Lernerin/des Lerners, ist es eine zentrale Herausforderung für Lehrpersonen, die eigene berufliche Entwicklung zu gestalten und dadurch zu einem professionellen Selbst zu finden. Behr (2017), in Kapitel 4.7 angeführt, erläutert, dass eine Lernbereitschaft, die sich aus den Anforderungen des Lehrerberufs ergibt, zu einer intensiveren Verwirklichung von Lernhandlungen führt und der Besuch von Fort- und Weiterbildungsveranstaltungen als eine solche Lernhandlung identifiziert werden könnte. In Kapitel 5.1 wird unter Berufung auf Hentig (zitiert in Post, 2010) festgestellt, dass für Lehrpersonen das wichtigste Curriculum die eigene Persönlichkeit darstellt. Die in Kapitel 6 angeführten Entwicklungsmodelle von Lehrpersonen zeigen unterschiedliche Ansprüche an das jeweilige Entwicklungsstadium bzw. Dienstalter und daraus folgend könnte geschlossen werden, dass ein Zusammenhang zwischen Dienstalter und Fort- und Weiterbildung besteht, um eventuelle Herausforderungen beziehungsweise Krisen zu bewältigen. Dieser Zusammenhang konnte aber in keinem Punkt mit einer entsprechenden Signifikanz nachgewiesen werden.

Ein Zusammenhang zwischen Dienstalter und Fort- und Weiterbildung wird in dieser Untersuchung nicht sichtbar.

11. Fazit

Die Untersuchung nahm ihren Anfang bei der Feststellung, dass in Schulen zahlreiche Veränderungen stattfinden und dem Umstand, dass Lehrerinnen und Lehrer ursächlichste Wirkung auf Schülerleistungen haben. Dabei steht die dritte Phase der Lehrerbildung, die stetige Fort- und Weiterbildung, im Fokus, denn von Lehrinnen und Lehrern wird in diesem Zusammenhang eine kontinuierliche Auseinandersetzung mit diesen Veränderungen, die schulorganisatorisch, inhaltlich, aber auch gesellschaftlicher Natur sein können, verlangt. Lebenslanges Lernen erscheint für Lehrinnen und Lehrer als eine zwingende Bedingung, um Schülerinnen und Schüler gut durch ihre Jugend zu begleiten und auf ihr Leben nach der Schule vorzubereiten.

Die Bedeutsamkeit und Modelle, Konzepte und Theorien der Berufszufriedenheit werden erläutert und in einen Kontext mit dem Dienstalter und institutionalisierter Fort- und Weiterbildung gebracht. Dabei wurde aus der Literatur heraus festgestellt, dass zufriedene Lehrinnen und Lehrer zufriedene Schülerinnen und Schüler unterrichten und die auch bessere Leistungen erbringen.

Daraus wurden drei der Untersuchung zugrundeliegende Fragestellungen abgeleitet, die erstens einen Zusammenhang zwischen Berufszufriedenheit und Dienstalter erkunden, zweitens einen Zusammenhang zwischen Berufszufriedenheit und Fort- und Weiterbildung untersuchen und drittens einen Zusammenhang zwischen Dienstalter und Fort- und Weiterbildung ergründen.

Mit den Ergebnissen wird ein weiterer Beitrag zur Verbesserung der Planung und Gestaltung von Fort- und Weiterbildung für Lehrerinnen und Lehrer jedes Dienstalters geleistet. Die gewonnenen Ergebnisse sollen eine Ableitung von Empfehlungen für die Fort- und Weiterbildung ermöglichen. Der Aufbau der Forschungsarbeit gestaltete sich folgendermaßen:

Die Situation der niederösterreichischen Lehrpersonen der Volksschule im Kontext der Fort- und Weiterbildung wird erläutert. Kapitel 3 unternimmt den Versuch, den zentralen Begriff der Berufszufriedenheit zu klären. Warum es von Bedeutung ist, zufriedene Lehrpersonen in Schulen zu haben, erkundet Kapitel 4. Institutionelle Fort- und Weiterbildung wird in Kapitel 5 strukturiert sowie die Wirkung von Fort- und Weiterbildung besprochen. Das Dienstalter steht im Zentrum von Kapitel 6. Dieses wird anhand von Entwicklungsmodellen für Lehrpersonen im Kontext des lebenslangen Lernens dargestellt. Bevor in den Kapiteln 8 und 9 das empirische Vorgehen dokumentiert wird, kommt es in Kapitel 7 zu einem Aufzeigen der Forschungslücke.

Um diese eingangs beschriebenen Zusammenhänge zu untersuchen, wurde ein Fragebogen an Lehrpersonen, die in Volksschulen in Niederösterreich unterrichten, gesandt. 398 beantwortete Fragebögen konnten in der Analyse herangezogen werden, dabei handelt es sich um eine repräsentative Stichprobe, die Ergebnisse können damit auf die Grundgesamtheit der Lehrpersonen in niederösterreichischen Volksschulen umgelegt werden. Mittels einer Korrelationsanalyse nach Spearman wurden in SPSS die erhobenen Daten ausgewertet. Details zu den Auswertungen finden sich in den Kapiteln 8 und 9. Ergänzende Auswertungen sind im Anhang dokumentiert.

Drei zentrale Aussagen lassen sich anhand dieser Untersuchung treffen.

Abbildung 12: Grafische Darstellung der Ergebnisse der Untersuchung

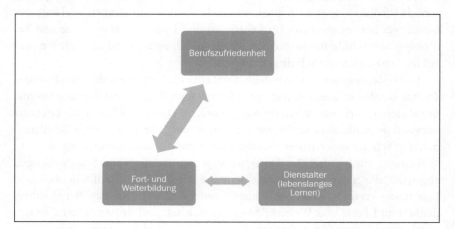

Abbildung 12 zeigt die erkundete Ausprägung und Signifikanz der Untersuchungsergebnisse.

1. Es besteht kein signifikanter Zusammenhang zwischen Berufszufriedenheit und Dienstalter. Die Berufszufriedenheit liegt bei allen Dienstalterskategorien, gemessen mittels der verwendeten Skala, sehr hoch.
2. Zwischen Berufszufriedenheit und der Neigung zu Fort- und Weiterbildung lässt sich ein hoch signifikanter Zusammenhang feststellen. Je mehr Fort- und Weiterbildungen besucht werden, desto höher ist die Berufszufriedenheit.
3. Kein signifikanter Zusammenhang besteht in dieser Untersuchung zwischen dem Dienstalter und der Neigung zu Fort- und Weiterbildung.

Dementsprechend empfehlen sich institutionelle Maßnahmen am Arbeitsplatz Schule, welche eine Entwicklung der Berufszufriedenheit forcieren und damit eine positive Berufsentwicklung anhand der angeführten Entwicklungsmodelle unterstützen.

Für weitere Studien wäre untersuchungswert, ob Fort- und Weiterbildung auf Berufszufriedenheit wirkt. Eine Kausalität diesbezüglich war nicht expliziter Untersuchungsgegenstand. Bei der Überlegung, dass die meisten Lehrpersonen rund 40 Jahre im Schuldienst tätig sind, könnte aber davon ausgegangen werden, dass hinter diesem signifikanten Zusammenhang auch eine Wirkung steckt, was zur Empfehlung verleiten lässt, die Fort- und Weiterbildung weiterhin oder noch zusätzlich zu optimieren beziehungsweise auch finanziell noch besser auszustatten (siehe Abbildung 13). Fort- und Weiterbildungen bieten eine Möglichkeit Selbstverwirklichungsbedürfnisse zu befriedigen, darum wäre eine abzuleitende Empfehlung, nicht nur auf schulorganisatorische Inhalte in Fort- und Weiterbildungen zu fokussieren, sondern weiterhin und noch verstärkt Angebote zu schaffen, die Selbstverwirklichung zulassen und fördern.

Abbildung 13: Wirkungszusammenhänge Zufriedenheit

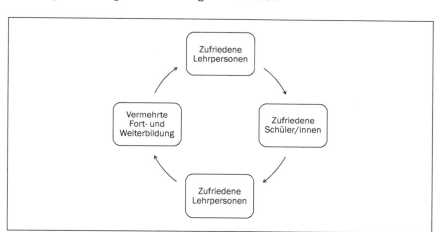

Anhand der vorgestellten Entwicklungsmodelle von Lehrpersonen und den Ergebnissen zum Dienstalter wäre weiters zu empfehlen, das Thema des Alterns im Lehrerberuf nicht aus den Augen zu verlieren.

Eine weitere Ausdifferenzierung der Fragestellung nach Zusammenhängen von Dienstalter und Berufszufriedenheit wäre zu empfehlen. In diesem Zusammenhang wäre es für Österreich auch sehr relevant, die Wirkungen der PädagogInnenbildung Neu, in welcher die Ausbildung von Lehrpersonen erheblich umstrukturiert wurde und von einem Professionskontinuum gesprochen wird, in Form von Langzeitstudien zu erkunden.

Die hohe Komplexität dieses Forschungsfeldes ist deutlich geworden und es wird empfohlen, dieses Feld noch weiter auszudifferenzieren. Die im nationalen Bildungsbericht 2018 von Müller aufgestellte Forderung nach weiteren Untersuchungen zur Lehrerfort- und Lehrerweiterbildung kann hier bekräftigt und unterstrichen werden.

Die erzielten Erkenntnisse der Untersuchung stimmen sehr zuversichtlich, ganz besonders der eindeutig positive Zusammenhang zwischen Berufszufriedenheit und Fort- und Weiterbildung und ebenso die über alle Dienstalterskategorien hoch liegende Zufriedenheit von Lehrpersonen.

Abschließend soll noch erwähnt werden, dass Lehrpersonen tagtäglich vor zahlreichen und situationsspezifischen Herausforderungen stehen. Diese Vielzahl an situationsspezifischen Herausforderungen bietet auch die Möglichkeit von Bewältigungen, die sehr zufrieden stimmen und „nichts" macht mehr zufrieden als eine Herausforderung bewältigt zu haben. Herausforderungen als Chancen für das Gefühl der Zufriedenheit – Lehrpersonen haben üblicherweise viele solche Chancen und viele nützen diese auch und sind zufrieden.

Literaturverzeichnis

Adams, J. S. (1963). Toward an understanding of inequity. In: Journal of Abnormal and Social Psychology 67.

Ammann, T. (2004). Zur Berufszufriedenheit von Lehrerinnen. Erfahrungsbilanzen in der mittleren Berufsphase. Bad Heilbrunn: Klinkhardt.

Andreitz, I., Müller, F. H. & Wieser, M. (2017). Die Bedeutung der Motivation für die Fort- und Weiterbildung von Lehrkräften. In: Kreis, I. & Unterköfler-Klatzer D. (Hrsg.), Fortbildung Kompakt. Wissenschaftstheoretische und praktische Modelle zur wirksamen Lehrer/innenfortbildung. (S. 103–118). Innsbruck: Studien Verlag.

Beck, U. (2017). Die Metamorphose der Welt. Berlin: Suhrkamp.

Behr, F. (2017). Lernhabitus und Weiterbildung. Determinanten des Weiterbildungsverhaltens von Lehrerinnen und Lehrern. Bad Heilbrunn: Verlag Julius Klinkhardt.

Bewyl, W., Zierer, K. (2013). John Hattie Lernen sichtbar machen. Überarbeitete deutschsprachige Ausgabe von „Visible Learning" besorgt von Wolfgang Bewyl und Klaus Zierer. Baltmannsweiler: Schneider Verlag Hohengehren.

Bieri, T. (2002). Die berufliche Situation aus der Sicht der Lehrpersonen. Zufriedenheit, Belastung, Wohlbefinden und Kündigung im Lehrberuf. Dissertation, Eberhard-Karls-Universität: Tübingen.

Bieri, T., Grunder, H. U. (1995). Zufrieden in der Schule. Berufszufriedenheit und Kündigungsgründe von Lehrkräften. Bern: Haupt.

Boeree, G. (2006). Persönlichkeitstheorien – Abraham Maslow (1908–1970), (D. Wieser M. A., 2006, deutsche Übers.) [online]. URL: http://www.social-psychology.de/do/PT_intro.pdf (Abruf: 11.08.2018)

Bortz, J., Döring, N. (2006). Forschungsmethoden und Evaluation für Human- und Sozialwissenschaften. 4. überarbeitete Auflage. Heidelberg: Springer. S. 720–740.

Bourdieu, P. (1970). Zur Soziologie der symbolischen Formen. Aus dem Französischen von Wolf H. Fietkau. Frankfurt: Suhrkamp.

Bourdieu, P. (1994). Die feinen Unterschiede. Kritik der gesellschaftlichen Urteilskraft. Frankfurt am Main: Suhrkamp.

Brady, S., Gillis, M., Smith, T., Lavalette, M., Liss-Bronstein, L., Lowe, E., et al. (2009). First grade teachers' knowledge of phonological awareness and code concepts: Examining gains from an intensive form of professional development and corresponding teacher attitudes. Reading and Writing, 22, S. 425–455.

Brandell, S. (2007). Know your audience: Growth states. MSDC – Professional Learning, 6, 2.

Bromme, R. & Haag, L. (2008). Forschung zur Lehrerpersönlichkeit. In: W. Helsper (Hrsg.), Handbuch der Schulforschung (2. durchgesehene und erweiterte Aufl.). (S. 803–839). Wiesbaden: VS Verlag für Sozialwissenschaften.

Bruch, H. & Kunz, J. (2009): Organisationale Energie durch Personalität freisetzen und erhalten. In: K. Schwuchow & J. Guttmann, (Hrsg.), Jahrbuch Personalentwicklung 2009: Ausbildung, Weiterbildung, Management Development. (S. 5–14). Köln: Luchterhand.

Bruch, H. & Vogel, B. (2005). Organisationale Energie. Wie Sie das Potential Ihres Unternehmens ausschöpfen. Wiesbaden: Gabler.

Bruggemann, A. (1975). Arbeitszufriedenheit. Bern: Huber.

Bruggemann, A., Groskurth, P., Ulich, E. (1977). Arbeitszufriedenheit. Bern, Stuttgart, Wien: Huber.

Bundesgesetzblatt für die Republik Österreich (2013). 211. Bundesgesetz: Dienstrechts-Novelle 2013 – Pädagogischer Dienst (NR: GP XXV 1 AB 6 S. 7. BR: AB 9128 S. 825.). https://www.ris.bka.gv.at/Dokumente/BgblAuth/BGBLA_2013_I_211/BGBLA_2013_I_211.pdfsig (Abruf: 24.03.2019)

Busek, E. (2010). Stellungnahme zur PädagogInnenbildung Neu. https://www.bmbf.gv.at/schulen/lehr/labneu/stn_fhsalzburg_19472.pdf?4dzgm2 (Abruf: 12.12.2015)

Büssing, A. (1991). Struktur und Dynamik von Arbeitszufriedenheit. In: L. Fischer (Hrsg.), Arbeitszufriedenheit. (S. 85–114). Stuttgart: Verlag für Angewandte Psychologie.

Clarke, D. (1988). Realistic assessment. In: D. Firth (Hrsg.), Maths counts – who cares? (S. 187–192). Parkville: Mathematical Association of Victoria.

Clarke, D., & Peter, A. (1993). Modelling teacher change. In: B. Atweh, C. Kanes & M. Carss (Eds.), Contexts in mathematics education. Proceedings of the Sixteenth Annual Conference of the Mathematics Education Research Group of Australasia. (S. 167–175). Brisbane: Mathematics Education Research Group of Australasia (MERGA).

Clausen, M. (2002). Qualität von Unterricht – Eine Frage der Perspektive? In: Rost, Detlef H. (Hrsg.), Pädagogische Psychologie und Entwicklungspsychologie (29). Münster: Waxmann.

Cohen, J. (1992). A power primer. In: Psychological Bulletin. Vol. 112 (1). New York University. S. 155–159. DOI: 10.1037//0033-2909.112.1.155

Cramer, C. (2012). Entwicklung von Professionalität in der Lehrerbildung. Empirische Befunde zu Eingangsbedingungen, Prozessmerkmalen und Ausbildungserfahrungen Lehramtsstudierender. Bad Heilbrunn: Klinkhardt.

Crites, J.O. (1969). Vocational psychology. The study of vocational behaviour and its development. New York: McGraw-Hill.

Däschler-Seiler, S., Esslinger-Hinz, I., Fischer, H., Kust, T., Reinhard-Hauck P., Röbe, E., Unseld, G. (2007). Guter Unterricht als Planungsaufgabe. Ein Studien- und Arbeitsbuch zur Grundlegung unterrichtlicher Basiskompetenzen. Bad Heilbrunn: Klinkhardt Verlag.

Deci, E.L. & Ryan, R.M. (1993). Die Selbstbestimmungstheorie der Motivation und ihre Bedeutung für die Pädagogik. In: Zeitschrift für Pädagogik 39 (1993) 2. S. 223–238.

Deci, E.L. & Ryan, R.M. (2000). The „what" and „why" of goal pursuits: Human needs and the self-determination of behavior. Psychological Inquiry, 11 (4). S. 227–268. Doi: 10.1207/S15327965pli1104_01.

Dehnbostel, P. (2008). Berufliche Weiterbildung. Grundlagen aus arbeitnehmerorientierter Sicht. Berlin: edition sigma. S. 16.

Deutsches Zentrum für Lehrerbildung Mathematik (2014). Theoretischer Rahmen des Deutschen Zentrums für Lehrerbildung Mathematik. Version vom 10.06.2014, Klassifizierung: Entwurf. http://www.dzlm.de/files/uploads/DZLM_Theorierahmen.pdf. (Abruf: 04.09.2014)

Dicke, T., Marsh, H.W., Parker, P.D., Guo, J., Riley, P., & Waldeyer, J. (2019). Job satisfaction of teachers and their principals in relation to climate and student achievement. Journal of Educational Psychology. Advance online publication. https://doi.org/10.1037/edu0000409.

DIE – Deutsches Institut für Erwachsenenbildung. (2014). Benefits of Lifelong Learning – BELL. Final report. www.bell-project.eu/cms/wp-content/uploads/2014/06/Final-Report1.pdf (Abruf: 27.08.2018).

Diekmann, A. (2014). Empirische Sozialforschung – Grundlagen Methoden Anwendungen. Hamburg: Rowohlt Verlag GmbH.

Dietrich, R. (1996). Psychologisches Grundwissen für Schule und Beruf. Ein Wörterbuch. 1. Auflage. Donauwörth: Auer.

Ditton, H. (2001). DFG-Projekt „Qualität von Schule und Unterricht" – QuaSSU Skalenbildung Hauptuntersuchung [Online-Publikation, verfügbar unter http://www.quassu.net/SKALEN_1.pdf (Abruf: 10.09.2016)

Ditton, H., Merz, D. (2000). Qualität von Schule und Unterricht Kurzbericht über erste Ergebnisse einer Untersuchung an bayerischen Schulen, Eichstätt: Universität.

Dräger, H. (2006). Morphologie des Lernens. In: E. Eirmbter-Stolbrink & C. König-Fuchs (Hrsg.), Idee und Erkenntnis. Zum vernunftgeleiteten Interesse als Prinzip der rationalen Pädagogik. Der Beitrag von Horst Dräger zur Erziehungswissenschaft (S. 93–165). Nordhausen: Verlag Traugott Bautz.

Dreer, B. (2018). Praxisleitfaden Lehrerausbildung: Für eine professionelle Begleitung vom Praktikum bis zum Berufseinstieg. Weinheim/Basel: Beltz.

Dreyfus, H. L. & Dreyfus, S. (1986). Mind over Machine. The Power of Human Intuition and Expertise in the Era of Computer. New York: Free Press. (dt. Übers.: Künstliche Intelligenz. Von den Grenzen der Denkmaschine und dem Wert der Intuition. Reinbek: Rowohlt, 1987).

Elbing, D. & Dietrich, G. (1984). Lehrerurteile zu Aspekten ihrer Berufssituation. Differenzielle Aspekte in der Bewertung der Berufssituation und beruflicher Tätigkeit. Auswertungsbericht II. München: Universität.

Ellinger, S. (2002). Arbeitszufriedenheit in Jugendhilfewerken. Plausibilitätsstrukturen als wesentlicher Bedingungsfaktor. Bad Heilbrunn/Obb: Klinkhardt.

Europäische Kommission/EACEA/Eurydice (2015a). http://ec.europa.eu/eruydice. (Abruf: 17.04.2017)

European Commission, Education, Audiovisual and Culture Executive Agency (EACEA) & Eurydice (2015). The teaching profession in Europe. Practices, perceptions, and policies (Eurydice Report). Luxembourg: Publications Office of the European Union. http://doi.org/10.2797/031792 (Abruf: 12.08.2019)

FAS-Research & BFI. (2015) Berufswechsel von Erwerbstätigen https://www.diepresse.com/4695859/wegweiser-fur-beruflichen-wechsel (Abruf: 10.04.2016)

Fellner, W. & Stürgkh, A. (2017). Weiterbildung im europäischen Vergleich. https://www.agenda-austria.at/publikationen/was-oesterreichs-lehrer-lernen/weiterbildung-im-europaeischen-vergleich/ (Abruf: 12.10.2018)

Fellner, W. & Stürgkh, A. (2017a). Was Österreichs Lehrer lernen. https://www.agenda-austria.at/publikationen/was-oesterreichs-lehrer-lernen/einleitung/ (Abruf: 13.12.2018)

Finsterwald, M., Wagner, P., Schober, B., Lüftenegger, M. & Spiel, C. (2013). Fostering lifelong learning – Evaluation of a training teacher education program for professional teachers. Teaching and Teacher Education, 29. S. 144–155. http://doi.org/10.1016/j.tate.2012.08.009

Fischer, L. & Fischer, O. (2005). Arbeitszufriedenheit: Neue Stärken und alte Risiken eines zentralen Konzepts der Organisationspsychologie. In: Wirtschaftspsychologie 1/2005, S. 5–20.

Fischer, L. (1993). Arbeitsmotivation, -leistung und -zufriedenheit. Fernuniversität Hagen.

FIT-Choice. (2013). In: König, J., Rothland, M. Darge, K., Lünnemann, M. & Tachtsoglou, S. (2013). Erfassung und Struktur berufsrelevanter Faktoren für die Lehrerausbildung und den Lehrberuf in Deutschland, Österreich und der Schweiz. In: Zeitschrift für Erziehungswissenschaft. Wiesbaden. S. 553–577.

Frey, A., & Jung, C. (2011). Lehrerbildung auf dem Prüfstand (Bd. Sonderheft). Landau/Pfalz: Empirische Pädagogik.

Galluzzo, G. R. & Graig, J. R. (1990). Evaluation of Preservice Education Programs. In: R. W. Housten (Hrsg.), Handbook of Research in Teacher Education (S. 599–616) New York: Macmillan.

Gawellek, U. (1987). Erkenntnisstand, Probleme und praktischer Nutzen der Arbeitszufriedenheitsforschung. In: Beiträge zur Gesellschaftsforschung 7. Frankfurt/M: Peter Lang.

Gebert, D., Rosenstiel, L. v. (1981). Organisationspsychologie. Person und Organisation. Stuttgart: Kohlhammer.

Gidion, J. (1981). Lehrer – Anmerkungen zu einem unmöglichen Beruf, in: Neue Sammlung 21, S. 530–542.

Grams Davy, S. (2014). Zufriedene Lehrer – zufriedene Lerner? Der Zusammenhang zwischen berufsbezogenem Lehrerwohlbefinden und der Lehrer-Schüler-Beziehung im Unterrichtsalltag. Aalborg: Aalborg Universitätsverlag.

Grams Davy, S. (2017). Zufriedene Lehrer machen Schule. Über die wichtige Ressource zeitgemäßer Schulentwicklung. Münster: Waxmann.

Grossman, P., & McDonald, M. (2008). Back to the future: Directions for research in teaching and teacher education. American Educational Research Journal, 45(1), S. 184–205.

Gruber, E. & Lenz, W. (2016). Porträt: Erwachsenen- und Weiterbildung Österreich. 3. Auflage. Bielefeld: Bertelsmann.

Guskey, T. (1985). Staff development and teacher change. Educational Leadership, 42(7), S. 57–60.

Halbmayer, E. (2010). Einführung in die empirischen Methoden der Kultur- und Sozialanthropologie. https://www.univie.ac.at/ksa/elearning/cp/ksamethoden/ksamethoden-32.html (Abruf: 15.01.2020).

Hall, G. E., Wallace, R. C., & Dossett, W. A. (1973). A developmental conceptualization of the adoption process within educational institutions. ERIC Document reproduction Service No. Ed 095 126, Research and Development Center for Teacher Education. Austin: The University of Texas.

Hanushek, E. A. & Rivkin, S. G. (2010). Generalizations about Using Value-Added Measures of Teacher Quality. American Economic Review, 100 (2), S. 267–271.

Hanushek, E. A. & Rivkin, S. G. (2012). The Distribution of Teacher Quality and Implications for Policy. Annual Review of Economics, 4 (1), S. 131–157.

Harb, H. (1985). Die Berufszufriedenheit im Lehrberuf. Eine empirische Untersuchung von Lehrern im steirischen Schuldienst. Dissertation. Universität Graz, Österreich.

Harrison, D. (1980). Meta-Analysis of selected studies of staff development. Unpublished PhD., University of Florida, FL.

Hascher, T. (2011). Forschung zur Wirksamkeit der Lehrerbildung. In: Terhart, E., Bennewitz, H. & Rothland, M. (Hrsg.). Handbuch der Forschung zum Lehrberuf. (S. 418–440). Münster. Waxmann.

Hattie, J. (2013). Lernen sichtbar machen. Überarbeitete deutschsprachige Ausgabe von „Visible Learning" besorgt von Wolfgang Beywl und Klaus Zierer. Baltmannsweiler: Schneider Verlag Hohengehren.

Helmke, A. (2012). Unterrichtsqualität und Lehrerprofessionalität: Diagnose, Evaluation und Verbesserung des Unterrichts (4. Aufl.). Seelze: Kallmeyer/Klett.

Hericks, U. (2006). Professionalisierung als Entwicklungsaufgabe. Wiesbaden: VS Verlag für Sozialwissenschaften.

Herzberg, F., Mausner, B., Synderman, B. (1959). The Motivation to Work. New York: John Wiley and Sons.

Herzog, S. & Munz, A. (2010). Entwicklungsprozesse von Lehrpersonen begleiten. Ein Rahmenkonzept biografischer Weiterbildung. In: Müller, F., Eichenberger, A., Lüders, M.,

Mayr, J. (Hrsg.) Lehrerinnen und Lehrer lernen. Konzepte und Befunde zur Lehrerfortbildung. (S. 74–87). Münster: Waxmann.

Herzog, W. Herzog, S., Brunner, A., Müller, H. P. (2007). Einmal Lehrer, immer Lehrer? Eine vergleichende Untersuchung der Berufskarrieren von (ehemaligen) Primarlehrpersonen. Basel: Haupt.

Hillert, A., Lehr, D., Koch, S., Bracht, M., Ueing, S., Sosnowsky-Waschek, N., Lüdtke, K. (2016). Lehrergesundheit. AGIL – das Präventivprogramm für Arbeit und Gesundheit im Lehrerberuf. 2. überarbeitete Auflage. Stuttgart: Schattauer.

Hochgerner, J. (2013). Wie kommt das Neue in die Welt? In: Ausblicke 1.13, Magazin für ländliche Entwicklung. Netzwerk Land. LE 07-13.

Hof, C. (2009). Lebenslanges Lernen. Eine Einführung. Stuttgart: Verlag W. Kohlhammer.

Holtz, R. Freiherr von. (1997). Der Zusammenhang zwischen Mitarbeiterzufriedenheit und Kundenzufriedenheit. München: FGM-Verlag.

Hossiep, R. (2014). Cronbachs Alpha. In: M. A. Wirtz, Lexikon der Psychologie (S. 359). Bern: Hans Huber.

Hossiep, R. (2019) Cronbach Alpha. In: M. A. Wirtz (Hrsg.), Dorsch-Lexikon der Psychologie. https://m.portal.hogrefe.com/dorsch/cronbachs-alpha/ (Abruf: 10.07.2019)

https://www.statistik.at/web_de/statistiken/menschen_und_gesellschaft/bildung/schulen/lehrpersonen/119683.html (Abruf 12.07.2019).

Huberman, M. (1991). Der berufliche Lebenszyklus von Lehrern: Ergebnisse einer empirischen Untersuchung. In: E. Terhart (Hrsg.), Unterrichten als Beruf. Neuere amerikanische und englische Arbeiten zur Berufskultur und Berufsbiografie von Lehrerinnen und Lehrern. (S. 249–267). Köln/Wien: Böhlau-Verlag.

Illeris, K. (2010). Lernen verstehen. Bedingungen erfolgreichen Lernens. Bad Heilbrunn: Klinkhardt.

Ipfling, H. J., Peez, H., Gamsjäger, E. (1995). Wie zufrieden sind die Lehrer? Empirische Untersuchungen zur Berufs(un)zufriedenheit von Lehrern/Lehrerinnen der Primar- und Sekundarstufe im deutschsprachigen Raum. Bad Heilbrunn: Klinkhardt.

Joyce, B., & McKibbin, M. (1982). Teacher Growth States and School Environments. Educational Leadership, 40, S. 36–41.

Judge, T. A., Hulin, C. L., & Dalal, R. S. (2012). Job Satisfaction and Job Affect. The Oxford Handbook of Organizational Psychology, 1. S. 496–525.

Judge, T. A., Weiss, H. M., Kammeyer-Mueller, J. D., & Hulin, C. L. (2017). Job attitudes, job satisfaction, and job affect: A century of continuity and of change. Journal of Applied Psychology, 102. S. 356–374.

Katzell, R. A. (1964). Personal values, job satisfaction, and job behaviour. In: H. Borow (Hrsg.), Man in a world of work Boston: Houghton Mifflin. S. 342–354.

Kirchner, T. (1994). Alltägliche Wahrnehmung und theoretische Erkenntnis – Wissenssoziologische Überlegungen bei Pierre Bourdieu. In: Lendemains: etudes comparées sur la France, 75/76. S. 41–54.

Klafki, Wolfgang (2007). Neue Studien zur Bildungstheorie und Didaktik. Zeitgemäße Allgemeinbildung und kritisch-konstruktive Dialektik. 6. neu ausgestattete Auflage. Weinheim/Basel: Beltz Verlag.

Klusmann, U. & Richter, D. (2014). Beanspruchungserleben von Lehrkräften und Schülerleistung: Eine Analyse des IQB-Ländervergleichs in der Primarstufe. Zeitschrift für Pädagogik, 60 (2), S. 202–224.

Krainer, K. & Posch, P. (2010). Intensivierung der Nachfrage nach Lehrerfortbildung. Vorschläge für die Bildungspraxis und Bildungspolitik. In: F. H. Müller, A. Eichenberger,

M. Lüders & J. Mayr (Hrsg.), Lehrerinnen und Lehrer lernen. Konzepte und Befunde zur Lehrerfortbildung. Münster: Waxmann. S. 479–495.

Kromrey, H. (2009). Empirische Sozialforschung. Stuttgart: Lucius & Lucius Verlagsgesellschaft mbH.

Kühmayer, F. (2009). Zukunft der Bildung. Reflections Research & Consulting.

Kunter, M., Kleickmann, T., Klusmann, U., Richter, D. (2011). Die Entwicklung professioneller Kompetenzen von Lehrkräften. In: Professionelle Kompetenz von Lehrkräften. Ergebnisse des Forschungsprogramms COACTIV, Hrsg. Kunter, M., Baumert, J., Blum, W., Klusmann, U., Krauss, S., Neubrand, M. (S. 55–68). Münster: Waxmann.

Lamy, C. (2015). Die Bewältigung beruflicher Anforderungen durch Lehrpersonen im Berufseinstieg. Wiesbaden: Springer VS.

Landesschulrat für NÖ, LSI Norbert Adrigan: E-Mail/Daten Volksschule NÖ, 27.04.2015

LehrerInnenbildung NEU. Hopmann, S. (2010). Ausbildungsmodell und Einsatz in pädagogischen Berufsfeldern. In: ExpertInnengruppe: Lehrerinnenbildung NEU – Die Zukunft der pädagogischen Berufe. Im Auftrag des BMUKK und des BMWF.

Lenz, W. (2013). Bildung baut Brücken. Alternativen zur Lernindustrie. Wien: Löcker.

Lenz, W., Pflanzl, B., Vogl, W. (Hrsg.) (2014). Lehren. Dynamische Professionalität in der PädagogInnenbildung. Graz: Leykam.

Lienert, A. & Raatz, U. (1994). Testaufbau und Testanalyse. Weinheim: Beltz.

Lipowsky, F. (2006). Auf den Lehrer kommt es an. Empirische Evidenzen für Zusammenhänge zwischen Lehrerkompetenzen und dem Lernen der Schüler. Zeitschrift für Pädagogik, 52 (51. Beiheft), S. 47–71.

Lipowsky, F. (2010). Lernen im Beruf. Empirische Befunde zur Wirksamkeit von Lehrerfortbildung. In: Müller, F. Eichenberger, A., Lüders, M. & Mayr, J. (Hrsg.). Lehrerinnen und Lehrer lernen. Konzepte und Befunde zur Lehrerfortbildung. (S. 51–72). Münster: Waxmann.

Lipowsky, F. (2014). Theoretische Perspektiven und empirische Befunde zur Wirksamkeit von Lehrerfort- und -weiterbildung. In: Terhard, E.; Bennewitz, M.; Rothland, M. (Hrsg.) Handbuch der Forschung zum Lehrerberuf. 2. Überarbeitete und erweiterte Auflage. (S. 511–541). Münster: Waxmann.

Lüftenegger, M., Finsterwald, M., Klug, J., Bergsmann, E., van de Schoot, R., Schober, B. et al. (2016). Fostering pupils' lifelong learning competencies in the classroom: evaluation of a training programme using a multivariate multilevel growth curve approach. European Journal of Developmental Psychology, 13 (6), S. 719–736. http://doi.org/10.1080/174056 29.2015.1077113

Maslow, A. (1943). A Theory of Human Motivation. Psychological Review, 50 (4), S. 370–396.

Mayr, J. (2007). Wie Lehrer/innen lernen. Befunde zur Beziehung von Lernvoraussetzungen, Lernprozessen und Kompetenz. In: M. Lüders & J. Wissinger (Hrsg.), Forschung zur Lehrerbildung. Kompetenzentwicklung und Programmevaluation. (S. 151–168). Münster: Waxmann.

McDonald, L. (2009). Teacher change: A dynamic interactive approach. International Journal of Learning, 6(10), S. 623–636.

Mendolicchio, C. & Rhein, T. (2012). Ländervergleich in Westeuropa: Wo sich Bildung für Frauen mehr lohnt als für Männer. IAB Kurzbericht. Aktuelle Analysen aus dem Institut für Arbeitsmarkt- und Berufsforschung, Nr. 5. Angerufen von http://doku.iab/kurzber/ 2012/kb0512.pdf (Abruf: 27.8.2018).

Merz, J. (1979). Berufszufriedenheit von Lehrern. Eine empirische Untersuchung. Weinheim/Basel: Beltz.

Messner, H. & Reusser, K. (2000). Die berufliche Entwicklung von Lehrpersonen als lebenslanger Prozess. In: Beiträge zur Lehrerbildung, 18(2).

Meyer, H. (2018). Was ist guter Unterricht? Berlin: Cornelsen.

Morbitzer, D. (2009). Die Berufszufriedenheit von Lehrerinnen und Lehrern an den steirischen Berufsschulen. Dissertation. Universität Graz. Österreich.

Müller, F., Soukup-Altrichter, K. & Andreitz, I. (2018). Lehrer/innenfortbildung in Österreich. Konzepte, Befunde und Trends. In: H. Altrichter, B. Hanfstingl, K. Krainer, M. Krainz-Dürr, E. Messner & J. Thonhauser (Hrsg.), Baustellen in der Österreichischen Bildungslandschaft. Zum 80. Geburtstag von Peter Posch. (S. 144–160). Münster: Waxmann.

Müller, F., Kemethofer, D., Andreitz, I., Nachbauer G., Soukup-Altrichter, K. (2019) Lehrerfortbildung und Lehrerweiterbildung. In: Nationaler Bildungsbericht 2018. Band 2. Hrsg.: Breit, S., Eder, F., Krainer, K., Schreiner, C., Seel, A., Spiel, C. (S. 99–142). Graz: Leykam Verlag.

Müller, F. (2019a). Kommentar zu Kapitel 3. Aus- und Fortbildung von Lehrkräften und Schulleitungen. In: Itzlinger-Brunefort, U., Schmich, J. (Hrsg.), Talis 2018. Band 1. (S. 39–56). Graz: Leykam.

Neuberger, O. (1974). Theorien der Arbeitszufriedenheit. Stuttgart: Kohlhammer.

Neuweg, G. H. (1999). Erfahrungslernen in der LehrerInnenbildung. Potenziale und Grenzen im Lichte des Dreyfus-Modells. In: Erziehung und Unterricht 1999, Nr. 5/6, S. 363–372.

Oja, S. (1989). Teachers: Ages and stages of adult development. In: M. Holly & C. McLaughlin (Eds.), Perspectives on teacher professional development. (S. 119–154). London: Falmer Press.

Pädagogische Hochschule Niederösterreich. Gelöbnisformel. Per Email von Birgit Lenauer am 15.05.2017.

Peez, H. u. a. (1991). 70 Prozent würden wieder Lehrer werden. In: Bayerische Schule (H. 44). S. 6–8.

Pelletier, L. G., Séguin-Lévesque, C. & Legault, L. (2002). Pressure from above and pressure from below as determinants of teachers' motivation and teaching behaviors. Journal of Educational Psychology, 94(1), S. 186–196.

Peter, A. (1996). Aktion und Reflexion – Lehrer/innenfortbildung aus international vergleichender Perspektive. Weinheim: Deutscher Studien Verlag.

Peters, S. (2019). Armut und Überschuldung. Bewältigungshandeln von jungen Erwachsenen in finanziell schwierigen Situationen. Wiesbaden: Springer VS. S. 43–51.

Post, E. (2010). Der Einsatz von handlungs-, erfahrungs- und erlebnisorientierten Methoden in der Lehrerinnen- und Lehrerfortbildung von pädagogischen Führungskräften zur Initiierung von Lernen. Dissertation. Leipzig: Universität Leipzig.

QSR. (2014). Qualitätssicherungsrat für Pädagoginnen und Pädagogen. Weitere Informationen zur PädagogInnenbildung Neu. https://www.qsr.or.at/?content/handreichungen/paedagoginnenbildung-neu/index (Abruf: 17.10.2018).

Raithel, J. (2008). Quantitative Forschung. Ein Praxisbuch (2. Auflage). Wiesbaden: VS Verlag für Sozialwissenschaften.

Rauscher, E. (2008). LehrerIn werden/sein/bleiben. Band 2. Pädagogische Hochschule Baden.

Rechnungshof: Ämter der Landesregierungen, Magistrat der Stadt Wien, Landesschulräte, Stadtschulrat Wien, BMBF. 2014.

Rosenstiel, L. von (2002). Motivation im Betrieb: mit Fallstudien aus der Praxis, 10. Auflage, Leonberg: Gabler.

RRZN Handbuch (2012). SPSS Fortgeschrittene. Durchführung fortgeschrittener statistischer Analysen. 10. Auflage. Leibnitz: Universität Hannover.

Rudow, B. (1994). Die Arbeit des Lehrers. Zur Psychologie der Lehrertätigkeit, Lehrerbelastung und Lehrergesundheit. Bern: Huber Verlag.

Schaarschmidt, U. & Kieschke, U. (Hrsg.) (2007). Gerüstet für den Schulalltag: Psychologische Unterstützungsangebote für Lehrerinnen und Lehrer. Weinheim/Basel: Beltz.

Schanz, G. (2000). Personalwirtschaftslehre. 3. Auflage. Vahlens Handbücher der Wirtschafts- und Sozialwissenschaften. München: Verlag Vahlen. S. 485.

Schmich, J. & Itzlinger-Bruneforth, U. (Hrsg.) (2019). TALIS 2018 (Band 1). Rahmenbedingungen des schulischen Lehrens und Lernens aus Sicht von Lehrkräften und Schulleitungen im internationalen Vergleich. Graz: Leykam.

Schoenfeld, A. H. (2011). Toward professional development for teachers grounded in a theory of decision making. ZDM Mathematics Education, 43, S. 457–469.

Schönbrodt, F. D., & Perugini, M. (2013). At what sample size do correlations stabilize? Journal of Research in Personality, 47(5), S. 609–612. https://doi.org/10.1016/j.jrp.2013.05.009

Schönknecht, G. (1997). Entwicklung der Innovationskompetenz von LehrerInnen aus berufsbiographischer Perspektive. Freiburg: Pädagogische Hochschule.

Schratz, M., Schwarz, J., Westfall-Greiter, T. (2012). Lernen als bildende Erfahrung. Innsbruck: Studien Verlag.

Schulunterrichtsgesetz 1986 (SchUG). In: BGBl 472/1986 idF BGBl 117/2008

Schütz, J. (2003). Die Arbeitszufriedenheit der Mitarbeiterinnen und Mitarbeiter in der Weiterbildung – eine empirische Untersuchung. Unveröffentlichte Diplomarbeit. Frankfurt/M.

Schwetje, T. (1999). Kundenzufriedenheit und Arbeitszufriedenheit bei Dienstleistungen. Operationalisierung und Erklärung der Beziehungen am Beispiel des Handels. Wiesbaden: Gabler.

Skaalvik, E. M. & Skaalvik, S. (2010). Teacher self-efficacy and teacher burnout: A study of relations. Teaching and Teacher Education, 26, S. 1059–1069.

Skaalvik, E. M., & Skaalvik, S. (2017). Motivated for teaching? Associations with school goal structure, teacher self-efficacy, job satisfaction and emotional exhaustion. Teaching and Teacher Education, 67, S. 152–160.

Skala Berufszufriedenheit. https://daqs.fachportal-paedagogik.de/search/show/instrument/4562_68. (Abruf: 10.10.2017).

Spillane, J. (2013). The practice of leading and managing teaching in educational organisations. In: Leadership for 21st Century Learning. OECD.

Stangl. Online Lexikon für Psychologie und Pädagogik Stangl. Begriff: Zufriedenheit. https://lexikon.stangl.eu/6737/zufriedenheit/ (Abruf: 22.01.2018)

Statistik Austria. (2018). Lehrerinnen und Lehrer exkl. Karenzierte im Schuljahr 2017/18 nach Alter. https://www.statistik.at/web_de/statistiken/menschen_und_gesellschaft/bildung/schulen/lehrpersonen/index.html (Abruf 12.07.2019).

Statistik Austria. Lehrerstatistik. Geschlecht. Erstellt am 29.11.2018.

Statistik Austria. Mikrozensus Arbeitskrafterhebung 2014. http://www.statistik.at/web_de/statistiken/menschen_und_gesellschaft/soziales/gender-statistik/erwerbstaetigkeit/062499.html (Abruf: 12.12.2017).

TALIS (2019). Itzlinger-Brunefort, U., Schmich, J. (Hrsg.), TALIS 2018. Band 1. Graz: Leykam. S. 39–56.

Tenorth, Heinz-E. (2004). Lehrerarbeit – Strukturprobleme und Wandel der Anforderungen, in: Ein neues Bild vom Lehrerberuf? Pädagogische Professionalität nach PISA, Weinheim S. 14–25.

Terhart, E. (1990). Sozialwissenschaftliche Theorie- und Forschungsansätze zum Beruf des Lehrers: 1970–1990. Zeitschrift für Sozialforschung und Erziehungssoziologie, 10, S. 235–254.

Terhart, E. (1991). Unterrichten als Beruf. Neuere amerikanische und englische Arbeiten zur Berufskultur und Berufsbiographie von Lehrern und Lehrerinnen. Frankfurt am Main: Böhlau.

Terhart, E. (1994). Lehrer/in werden – Lehrer/in bleiben: berufsbiografische Perspektiven. In: Mayr, J. (Hrsg.), Lehrer/in werden. (S. 17–46). Innsbruck: Österreichischer Studien Verlag.

Tett, R. P., & Meyer, J. P. (1993). Job satisfaction, organizational commitment, turnover intention, and turnover: path analyses based on meta-analytic findings. Personell Psychology, 46, S. 259–293.

Ulich, K. (1996). Beruf: Lehrer/in. Arbeitsbelastungen, Beziehungskonflikte, Zufriedenheit. Weinheim: Beltz.

Universität Zürich: Methodenberatung, Rangkorrelation nach Spearman. https://www.methodenberatung.uzh.ch/de/datenanalyse_spss/zusammenhaenge/rangkorrelation.html (Abruf: 10.05.2019).

Vroom, V. H. (1964). Work and motivation. San Francisco: Jossey-Bass Publishers.

Wade, R. K. (1985). What makes a difference in inservice teacher education? A meta-analysis of research. Educational Leadership, 42 (4). S. 48–54.

Wallner-Paschon, C., Suchan, B. & Oberwimmer, K. (2019). Profil der Lehrkräfte und der Schulen der Sekundarstufe I. In J. Schmich & U. Itzlinger-Bruneforth (Hrsg.), TALIS 2018 (Band 1). Rahmenbedingungen des schulischen Lehrens und Lernens aus Sicht von Lehrkräften und Schulleitungen im internationalen Vergleich (S. 17–36). Graz: Leykam.

Weinert, A. B. (1992). Lehrbuch der Organisationspsychologie: Menschliches Verhalten in Organisationen. Weinheim: Psychologie-Verl.-Union.

Weyand, B., Justus, M., Schratz, M. (2012). Auf den Lehrer/die Lehrerin kommt es an. Geeignete Lehrer/innen gewinnen, (aus-)bilden und fördern. Essen: Edition Stifterverband.

Wiater, W. (2009): Theorie der Schule. Prüfungswissen – Basiswissen Schulpädagogik. Donauwörth: Auer Verlag.

Wolf, G. (2007). Der Lernhabitus – Schlüssel zum lebenslangen Lernen. DIE – Zeitschrift für Erwachsenenbildung, 2. S. 43–45.

Zehetmeier, S. (2008). Zur Nachhaltigkeit von Lehrerfortbildung. Dissertation. Klagenfurt: Alpen-Adria-Universität Klagenfurt.

Zehetmeier, S. (2014). Nachhaltige Wirkung von Lehrerfortbildung. Unveröffentlichte Habilitationsschrift, Alpen-Adria-Universität Klagenfurt, Österreich.

Zehetmeier, S. (2017). Theoretische und empirische Grundlagen für eine innovative und nachhaltige Lehrer/innenfortbildung. In: I. Kreis & D. Unterköfler-Klatzer (Hrsg.), Fortbildung Kompakt. Wissenschaftstheoretische und praktische Modelle zur wirksamen Lehrer/innenfortbildung. (S. 80–112). Innsbruck: Studien Verlag.

Zehetmeier, S. (2019). Nachhaltige Wirkungen von Innovationen in der LehrerInnenfortbildung. Dieser Beitrag basiert auf Zehetmeier (2017). In: Kastner, M., Donlic, J., Hanfstingl, B. & Jaksche-Hoffmann (Hrsg.) Lernprozesse über die Lebensspanne. Bildung erforschen, gestalten und nachhaltig fördern. (S. 37–52). Opladen: Verlag Barbara Budrich.

Anhang –
Hinweise zu den Online-Materialien

Der Anhang zur Studie steht online (www.beltz.de) auf der Seite des Buches zur Verfügung. Der Anhang enthält folgende Materialien:

- Fragebogen zur Studie
- Syntax SPSS
- Ausgabe SPSS mit Abbildungen und Tabellen